中国财经学术专著系列

产品差别化、市场透明度与合谋

徐 磊 李 雪 著

中国财富出版社

图书在版编目（CIP）数据

产品差别化、市场透明度与合谋/徐磊，李雪著. —北京：中国财富出版社，2015.6

（中国财经学术专著系列）

ISBN 978 - 7 - 5047 - 5697 - 8

Ⅰ. ①产…　Ⅱ. ①徐…　②李…　Ⅲ. ①产品—市场竞争—研究
Ⅳ. ①F713.5

中国版本图书馆 CIP 数据核字（2015）第 090456 号

策划编辑	葛晓雯	**责任印制**	何崇杭
责任编辑	葛晓雯	**责任校对**	梁　凡

出版发行	中国财富出版社		
社　　址	北京市丰台区南四环西路 188 号 5 区 20 楼　**邮政编码**　100070		
电　　话	010 - 52227568（发行部）	010 - 52227588 转 307（总编室）	
	010 - 68589540（读者服务部）	010 - 52227588 转 305（质检部）	
网　　址	http://www.cfpress.com.cn		
经　　销	新华书店		
印　　刷	北京京都六环印刷厂		
书　　号	ISBN 978 - 7 - 5047 - 5697 - 8/F · 2381		
开　　本	710mm × 1000mm　1/16	**版　　次**	2015 年 6 月第 1 版
印　　张	9.25	**印　　次**	2015 年 6 月第 1 次印刷
字　　数	171 千字	**定　　价**	28.00 元

前　言

早在党的十六届三中全会中“科学发展观”的理念便被提出，其基本要求是实现经济的全面协调可持续发展。然而，由于中国整个经济体制依然还处于典型的转轨经济阶段，经济中的不确定因素较多，企业并未形成一个稳定的预期；加之我国现行的管理体制、领导者的任命机制及考评标准，使得众多企业领导并不在乎企业的长期效益，而更多考虑任期内的短期效益，最终导致企业领导对科学发展观的落实不到位。由于价格战素来就具有杀伤力强、短平快等诸多优点，企业领导为了获取任期内的短期效益，恶性的价格战成为中国企业使用最为频繁的竞争策略。虽然也有些企业试图通过建立价格同盟等默契合谋策略解决恶性价格战的问题，但大多数在几周甚至几天内就被瓦解，如彩电价格同盟、上海的黄金饰品厂商形成的价格同盟等。因此，深入研究默契合谋策略的稳定性问题，对于通过提高默契合谋稳定性，进而有效解决我国企业恶性价格战问题并最终促进中国经济全面协调可持续发展显得十分重要。

近年来，合谋问题成为新产业组织理论的研究热点问题，众多学者在解释合谋机制及市场环境对合谋机制稳定性的影响方面做出了许多开创性的探索；然而，此类研究仍存在许多尚待研究的问题，尤其是产品差别化及市场透明度对合谋稳定性影响的研究，并未形成统一的研究结论。此外，从价格战理论上看，国内学者目前主要从产权、产业结构、产能方面探讨价格战的成因，鲜有以博弈论为基础的合谋理论解释价格战的成因，而国外学者的研究模型又不一定完全适合处于转轨时期的中国市场。有鉴于此，本书在统一的重复博弈理论分析框架下，从理论研究视角分别分析产品垂直差别化、产品水平差别化、消费者方透明度及生产者方透明度等市场环境对默契合谋稳定性的影响，旨在：试图探索产品差别化及市场透明度对合谋稳定性影响的一般作用机制；在理论研究的基础上，本书以中国轿车行业及中国房地产行业为例进行案例分析，从经验研究视角分别分析产品垂直差别化、产品水平差别化及市场透明度等市场环境对默契合谋稳定性的影响，旨在：结合中国市场特殊情况，分析中国市场环境对默契合谋稳定性的现实影响，以期为公共政策对竞争和效率的权衡提供实证依据。

全书共分为四个部分，共八章内容。第一部分为研究基础，主要包括导论及第一章，其中第一章阐述本研究的框架，重点在于建立重复博弈理论的统一分析框架；第二部分为理论研究，主要包括第二章、第三章、第四章及第五章，运用重复博弈理论分别研究产品差别化及市场透明度对合谋稳定性的影响；第三部分为实证研究，主要包括第六章及第七章，以理论研究结论为基础，利用案例分析法实证分析产品差异化及市场透明度对合谋稳定性的影响；第四部分为本书结语，主要包括第八章，对全书进行总结并指出本研究的局限性及未来进一步研究方向。

本书的研究工作得到四川外国语大学国别经济与国际商务中心重点学科立项（批准号：SISUYB1401）的资助；同时得到重庆市重点人文社科研究基地“国别经济与国际商务研究中心”、四川外国语大学国际商学院、中国财富出版社等单位的大力支持，在此一并表示衷心的感谢。

此外，本书在研究及写作过程中参考了大量文献，受限于篇幅，不能一一罗列，在这里特向未被罗列的作者表示歉意，并向所有的作者表示诚挚的谢意！

由于时间仓促及作者水平有限，本书不当之处在所难免，敬望读者批评指正！

作　者

2015 年 3 月

目录

第一部分　研究基础

第二部分　理论研究

第四部分 结语

第一部分

研究基础

导 论

第一节 研究背景

迄今为止，产业组织理论的发展大致经历了两个阶段：第一阶段是基本完成于20世纪60年代并在后来仍然具有很大影响力的传统产业组织理论（TIO），它主要包括以市场结构研究为核心（SCP范式）的哈佛学派和以市场行为研究为核心的芝加哥学派；第二阶段是在20世纪70年代以后在博弈论和信息经济学的基础上发展起来的新产业组织理论（NIO），这种理论的核心是策略性行为[①]。新产业组织理论一改往日经验主义研究传统，突破了原来的规范经济学框架，代之以厂商行为与市场结构相互作用的逻辑演绎[②]。

对策略性行为的定义，最早来自Schelling（1960）在其经典著作《战略冲突》中的描述，他认为策略性行为是指一个厂商旨在通过影响竞争对手对该厂商行动的预期，使竞争对手在预期的基础上做出对该厂商有利的决策行为，这种影响竞争对手预期的行为就称为策略性行为。一个厂商的策略性行为对竞争对手预期的影响，实质上是通过影响它们共同的市场环境所实现的，这些市场环境包括市场结构、需求方因素、供给方选择特征等。也就是说，市场环境不再是外生给定的，厂商可以通过策略性行为改变市场环境，而市场环境是竞争对手决策时必须考虑的重要因素，从而主导厂商通过操纵市场环境影响竞争对手的预期，为自己在市场竞争中立于不败之地、获取超额利润创造了条件。

根据厂商之间合作的态度，策略性行为有合作策略性行为（Cooperative

---

① 参见干春晖，《企业策略性行为研究》，北京，经济管理出版社，2005年，第1页。

② 下面这一段文字，准确地概括了新产业组织理论研究厂商行为的基本思想："为努力创建、保持和扩张有利的市场地位，厂商的行为不仅只是要直接地影响竞争对手目前的行为，而且会限制对手以后的行动，以此间接地影响市场结构。在这个动态的过程中，市场战略或行为（控制变量）与市场结构（状态变量）互相作用，通过阻挡潜在竞争者和降低行业内资源流动性的战略投资，厂商当前的行动融入了未来的市场结构"。摘自Encaous（1986），p. 55。

Strategic Behavior）和非合作策略性行为（Non－Cooperative Strategic Behavior）之分（具体结构如图0－1所示）。非合作策略性行为是指厂商间的竞争行为，包括限制性定价、掠夺性定价等行为。合作策略性行为是指厂商旨在协调本行业各家厂商行动和限制竞争而采取的一些行为。从广义上讲，合作策略性行为包括合谋和战略联盟[①]。其中，合谋是指一个行业中的几个厂商合作起来减少行业的竞争并抬高价格，使之高于整个竞争水平。合谋根据信息条件又可以分为默契合谋和公开合谋。

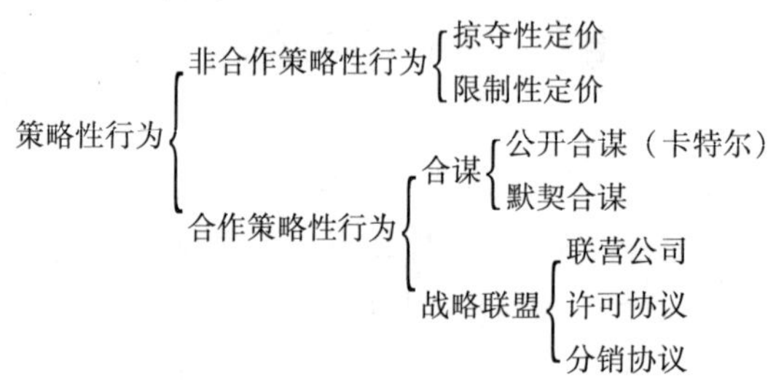

图0－1　策略性行为与默契合谋

所谓公开合谋（Explicit Collusion）是指厂商通过秘密或者公开的协议来协调行为以使合作组织利润最大化的一种行为。而默契合谋（Tacit Collusion）是指寡头垄断厂商以一种纯粹“非合作”的方式进行的合作。具体而言是指这样一种情况，由于寡头垄断行业中所有厂商都意识到他们之间的相互依存性，所以厂商能够仅通过观察（或预期）竞争对手的价格行为来相应地调整自己的行为。在这种情况下厂商不需要正式的书面协议，也不需要定期碰面商讨合作，只要双方都遵循一定的战略，在非合作前提下也会出现合作的结果[②]。当一个行业的产品产量低于完全竞争时的水平，并且价格高于完全竞争时的水平，但厂商没有直接的对这些进行协调时，默契合谋就形成了。例如，在1996年10月的英国，一款索尼电视机在牛津街的售价大致为499.99英镑，这个价格显然高于边际成本。这个价格可能是零售商相互协议的结果（很可能索尼是中间协调人），或仅仅因为499.99英镑是整数的天然折扣价格[③]。战略联盟是指厂商间的合作，但是行业的竞争并没有减少，包括联营公司、许可协议和分销协议等。狭义的合作策略性行为只包括默契合谋。本书研究的

① 参见〔美〕杰恩·巴尼，《获得与保持竞争优势》，北京：清华大学出版社，2003年，第333页。

② 对默契合谋的详细定义见第一章。

③ 参见刘易斯·卡布罗，《产业组织导论》，北京：人民邮电出版社，2002年，第120页。

重点是狭义的合作策略性行为，即默契合谋（以下简称为合谋）。

经济学家们对合谋的兴趣由来已久。亚当·斯密就曾经说过："从事同一贸易的人很少聚会，更别说是娱乐了，但是这种少有的会谈通常是以合谋对付公众或密谋提高价格而告终的……"[①] Chamberlin（1929）、Stigler（1964）、Scherer（1980）对合谋理论进行了系统的研究。这些研究是在静态的框架下进行的，从行业集中度、产品差别化、成本的对称性等行业特征方面分析合谋行为的存在性与稳定性问题。继 Stigler（1964）后，有相当多的文献试图在静态框架下分析动态方面的问题。这类文献一般假定厂商会预期到竞争对手对自己价格选择做出反应。这些方法包括扭结需求曲线（Kinked Demand Curve）和推测变差理论（Conjectural Variations）[②]。

非合作博弈理论的引入使合作策略性行为的研究达到了一个新的层次。许多产业经济学家运用非合作博弈理论中的重复博弈理论对合谋问题展开了大量的研究。重复博弈理论引入了一个连贯正规的框架，使用这个模型，能更简洁和有序地讨论合谋机制的稳定性问题。而且，这个模型使我们能够探索合谋形式和内容间更为复杂的关系，能够探索市场环境对合谋的潜在影响[③]。

国内对合谋理论的研究按照研究路径的不同，可以分为两类：

一类是对合谋理论进行的综述性研究。刘志彪（2004）研究了合谋理论中的卡特尔理论；干春晖和李雪（2006）对合谋理论中默契合谋理论进行了系统的综述。王冰和杨虎涛（2003）对合谋的负面经济后果及有关几种观点进行了评析。

另一类是从价格战[④]的角度对价格合谋进行分行业的实证研究。周勤（2002）利用2001年上海市黄金市场价格战这一典型案例，运用推测变差理论解释了中国有些行业卡特尔难以维持的原因，并对卡特尔的形式、形成的原因、存在的条件和适用的公共政策进行了分析。安同良、杨羽云（2002）

---

① 参见 Smith，A.，1776，An Inquiry into the Nature and Causes of the Wealth of Nations. R. H. Cambell and A. S. Skinner，eds.，1976，Clarendon Press，Oxford. p. 128。

② 详细可参见〔美〕泰勒尔，《产业组织理论》（中译本），北京：中国人民大学出版社，1997年，第316～318页。

③ 因为本书结构需要，对合谋理论的理论综述被放在各章的引言部分，所以在这里并没有对西方的合谋理论进行深入地综述。

④ 在本书中，对价格战的定义是合谋中部分厂商发生了背叛行为，从而招致合谋集团内部其他厂商的惩罚。合谋的难以维持或失败的真正判断标准应该是厂商做出了背叛合谋的行为，并由此遭到其他厂商的惩罚，详见第六章。

采用新产业组织的行为主义分析框架，以价格竞争最为激烈的彩电行业为案例，讨论易发生价格竞争（价格战）的产业特征，这些产业特征包括产品差别化、产业生命周期、市场集中度、厂商的生产规模、企业的进入与退出壁垒、企业相互市场势力等。王皓和周黎安（2005）以2004年中国轿车行业的价格战为案例对价格战的成因进行了探讨；况伟大（2004）利用古诺模型对中国房地产业的合谋进行了实证研究。这些实证研究实际上是从多个角度探讨了市场环境对合谋的影响，但大多数的研究还处于对现象的概括阶段，并没有对这些影响因素背后的机理进行深入研究。

本书将在这些研究的基础上，对合谋问题进行更深入的研究。主要包括基于重复博弈理论的合谋机制和产品差别化、市场透明度这两种市场环境中的市场结构变量对合谋机制的影响，即关注能支持合谋并使厂商达到垄断价格（或产出）地步的策略性分析和影响因素分析。

第二节　研究意义

一、理论意义

（一）完善新产业组织理论

作为新产业组织理论核心内容之一的合谋理论，尽管在解释合谋机制与市场环境对合谋机制稳定性的影响方面做出了开创性的研究，但是仍存在许多尚待探索的问题。例如，对产品差别化与市场透明度对合谋稳定性的影响并没有得出一致的结论，这也许是因为新产业组织文献“目前已成为一个由高度精致和特定的模型构成的迷宫，每一模型得出的结论只能应用于满足模型假定的特定场合”[①]，而本书想“通过考察各种分析路径，并在各种正统模型的经验性检验结果中寻找规律性的东西”，得出一般化的结论。

（二）促进中国价格战理论的发展

经过半个多世纪的发展，西方产业组织理论已非常成熟，而中国产业组织理论仍然是产业经济理论中最薄弱的研究领域。从价格战理论上看，中国学者主要从产权、产业结构、产能方面研究了价格战的成因。本书运用以博弈理论为基础的合谋理论，认为价格战是指合谋中部分厂商发生了背叛行为，

① 参见〔美〕斯蒂芬·马丁，《高级产业经济学》，史东辉译，上海：上海财经大学出版社，2003年，第10页。

从而招致合谋集团内部其他厂商的惩罚，并指出产品差别程度过低将导致中国某些行业价格战的频繁发生，而解决价格战的途径之一是通过自主创新提高产品差别度，从而使合谋稳定，之二是提高企业经营者的贴现因子，使合谋更趋于稳定。

二、现实意义

在中国现阶段，研究合谋问题有如下意义：

第一，对寡头垄断行业中厂商策略的制定有一定的指导作用。中国的许多企业经营者短期行为严重，即企业具有较小的贴现因子①。另外，中国整个经济体制还处于“摸着石头过河”的转轨过程中，未来的不确定性比较大，企业还没有对未来形成一个稳定的预期。缺乏稳定预期也就意味着贴现因子较小，表现为他们并不在乎长期的收益，而更多地考虑在任期间的收益，这使得他们的长期贴现因子相对较低，因此，频繁的价格战成为中国许多寡头垄断行业现阶段竞争的常规武器，虽然也有些厂商曾试图建立价格同盟形式的卡特尔组织，但大多数在几周甚至几天内就被瓦解，如彩电价格同盟、上海的黄金饰品厂商形成的价格同盟等。② 本书试图从合谋与价格战关系的角度对价格战的解决提出相应的对策和建议。

第二，随着中国市场化改革的不断深入，近年来中国一些行业频频爆发价格战，为了阻止这种恶性价格竞争继续蔓延，许多行业由行业协会出面制定“行业自律价”。之所以自称为行业自律价，是因为它一般都是企业在自愿和不自愿的基础上，为了避免“价格卡特尔”之称，通过“协商”而以“自律”为名义达成的价格合谋。“行业自律价”作为一项政策手段，其目的是摆脱恶性竞争，优化行业资源配置。但在国际经济和法律环境下，反垄断法逐渐成为西方国家用以单方面迫使贸易伙伴向他们经济政策和体制看齐、以便打开对方乃至第三方市场的有用工具。中国行业协会所进行的“价格自律”行为一般只是对价格以及价格变动的范围做了规定，而很少涉及一些更为精巧的策略安排，这样不但违反了反垄断法，而且会使合谋很难达成和稳定性较差。如果行业协会能利用信息交流、价格领导制等一些促进措施来加大对背叛者的惩罚力度和减少察觉背叛的时滞，加大市场透明度，能够使得合谋变得稳定，保持行业自律价的稳定，并且能够避免反垄断的诉讼。

---

① 参见张维迎，马捷，恶性竞争的产权基础，《经济研究》，1999 年第 6 期。

② 参见周勤，这样的卡特尔为什么难以维持，《管理世界》，2002 年第 6 期。

第三，可以为公共政策对竞争和效率的权衡提供基础依据。在中国，虽然从法律形式上限制厂商间的公开合谋，但政府对以行业卡特尔或行业自律价等形式出现的公开合谋的态度是不明确的，学术界也存在争论。有些学者认为，在中国由于产业集中度比较低，默契型合谋现象还不严重，因此，当前规制的重点应放在厂商明示型合谋行为上。但本书的分析认为：在中国现阶段，一方面，一些行业频频爆发价格战，造成了行业资源配置恶化；另一方面，一些寡头垄断性行业，如中石油、中石化充分利用浮动价格幅度政策，事实上达成的默契合谋①，如房地产行业的价格合谋②，严重损害了消费者福利。公共政策如何权衡这两点在其中寻找一个均衡点，既促进竞争又能够在一定程度上维系效率，这就需要对各种默契合谋行为进行详细地分析。

第三节　关键概念界定和基本假设

一、关键概念的界定

（一）厂商和企业

本书在理论研究上，一般使用“厂商”的称谓，而尽量少地使用“企业”，一个原因是因为“企业”的含义仍然具有理论模糊性。“厂商”的概念要狭些，而且似乎更清晰地与“生产者”联系在一起。但在进行经验研究时，因为称谓上的习惯，一般使用“企业”而不使用“厂商”。

（二）局中人、策略空间和支付结构

理论模型与现实总有差距，模型条件与现实相距多远直接决定了模型对经济现实描述的准确程度和理论预测的可靠性，所以我们需要先小心地审视博弈论的基本要求并尽可能地设定符合实际的条件。一个简单的博弈，至少包含三个部分：局中人（Player）、策略空间（Strategic Space）和支付结构（Payoff Structure）。博弈论假定局中人是理性而明智的；每个局中人必须清楚自己及别的局中人的策略选择范围，以及各种策略间可能的因果关系；一个局中人的支付结构表明在所有局中人的各种不同策略组合下他的“得分”或收益。在典型的支付结构中，由于任何一个局中人改变自己的策略都会造成

---

① 2001 年，按照国家计委规定，各加油站可以把 93 号汽油的价格定在在 2.21 元和 2.59 元之间。中石油和中石化两家都在政策充许的范围内把价格定在了最高点。参见任建民，人民网，2001－12－14。

② 参见第五章案例。

不同的策略组合从而影响所有局中人的支付水平，局中人之间的利益是相互牵连、相互制约的，每个局中人都力图使自己的支付最大化。

如果我们将博弈论这三个组成部分分别代之以某市场上的厂商、策略性行为的选择范围和利润函数，这个简单的模型就可以“翻译”成这样一种经济环境：市场上理性而明智的厂商，在明白互相间可能的竞争策略及各种条件下自己的利润水平的前提下，选择适当的策略使自己的利润最大化。厂商是理性而明智的，追求利润最大化，这是标准微观经济学的假定。关于竞争环境，由于现实中在寡头垄断市场，各寡头市场份额的多少直接影响着它们的利润水平，其中任何一个公司的市场行动都可能导致此消彼长的效应，它们自然会十分关注自己和对手的市场行动给市场带来的变化；至于竞争厂商间互相清楚对手的利润（生产）函数，这一条件不是必要的。在一般的时候，我们构造的模型假设了完全信息——使用这一与现实相去甚远的假设，其主要原因是：我们一般只关心厂商与市场的相互作用机制，或者只讨论厂商市场竞争行为特征，而并不关心市场上各厂商精确的利得——为此，只要厂商对主要竞争对手的利润（生产）函数有个粗略的估计就足够了，而这又可以通过确定竞争对手以往的经营业绩和现在的市场地位等达到。即尽管模型的均衡点对信息的完全性假设十分敏感，但我们的结论却在很大的范围内不变。

（三）市场

本书使用的市场概念，被模型化为寡头垄断市场——这可能与现实仍然存在细微的偏差，因为在多数行业，即使最大的几家寡头占据了绝大部分市场份额，但仍可能存在一些小厂商在剩余的市场份额内经营。这时可以将我们模型中的“市场”理解成现实中那几家主要竞争对手市场份额之和，其余的小厂商是可威胁这个“市场”的潜在竞争对手。终究，不管这些小厂商有多少，他们的市场力量往往微不足道，也很少受到市场上各霸一方的寡头的真正注意，市场竞争模式多为这些寡头所左右。

二、基本假设

任何一种理论都有自己的基本前提与基本假设，任何理论也必然是在一定假设条件下经过严密演绎而形成的。因此，基本假设是理论的逻辑起点。

（一）行为主体理性假定

就经济学的研究对象而言，传统经济学研究如何有效配置稀缺资源，达到帕累托最优；现代经济学主要研究人的行为，也就是说，参与人如何根据对手行为进行最优反应。其中，理性经济人假定一直贯穿经济学的始终。

经济学的理性人假定是指，经济主体在给定约束下进行决策时总是最大化自己的偏好。理性主体在最大化自己偏好时，由于资源的稀缺性，不可避免地会和其他经济主体发生利益冲突。为了解决冲突以便获取潜在的最大利益，理性主体设计并遵循各种各样的行为规则，约束自己和他人的行为。例如价格机制就是理性主体为解决冲突、实现合作而设计的最为重要的规则之一。传统经济学在研究个人行为时，总是假定其他人的行为包含在非人格化的参数——价格里面，然后个人在给定的价格参数下进行决策，从而个体之间的相互作用是通过价格机制间接完成的。因此传统经济学认为价格可以使个人理性和集体理性达到一致。但是，在现实生活中，参与人之间往往是直接发生作用的，个体进行决策时必须考虑对手的可能反应，而且双方都拥有一些私人信息，因而需要猜测对手的行为。这就有可能出现个人的理性行为导致集体非理性，正如“囚徒困境”所言。因此不能认为价格机制是解决理性主体冲突、实现合作的唯一有效安排，有必要对以参与人之间行为相互作用为特征的非价格制度作进一步的研究。正是理性主体假定使得经济主体的行为得以量化，也就是说，可以利用数学工具精确地描述经济主体的决策行为。

（二）厂商利润最大化假定

厂商利润最大化——在传统经济学里是一个经典假定，但在现代经济学里却是最热门的研究问题之一。现代企业的股东是企业剩余利益的索取者，如果他们自己经营企业，毫无疑问地会选择利润最大化或者成本最小化的决策，但是，绝大多数情况下他们没有这个能力，因此在现代企业里出现了所有权和经营权的分离，出现了非利润最大化问题。因此，委托—代理理论就认为，企业偏离利润最大化的行为应予以解释，而不是假定利润最大化。虽然该理论致力于研究有效约束代理人偏离利润最大化行为的各种方法，但没有一种方法十分有效。而且在很多层面根据利润最大化假定得出的结论仍然正确，比如，就垄断定价而言，尽管企业在约束意义上是利润最大化的，但对于外部观察者，企业行为与没有X—非效率的企业行为在观察上是等价的。因此，鉴于寡头垄断企业的产品竞争分析并不研究企业内部如何管理的问题，故本书仍然默认利润最大化的假定。

（三）消费者效用最大化假定

消费者效用最大化假定是指消费者在选择是否购买产品以及购买哪个厂商的产品时，选择依据是力图效用最大化，也就是说，消费者理性。其暗含的前提是消费者知道自己面临的各种选择，并且有能力评价各种选择。

本书重点对寡头厂商的合谋策略进行重复博弈分析，为简化分析，假定消费者具有单位需求，要么不购买，要么只购买一个，在选择产品时根据偏好次序最大化自己的预期效用，并且将消费者偏好设为一维向量。这些只是为了简化分析，并不影响结论的有效性。

第四节 研究体系、研究方法与创新之处

一、研究体系

本书可分为四个部分，共九章。第一部分由导论与第一章组成。导论部分阐述研究背景、研究意义、关键概念界定和基本假设、结构体系、研究方法、创新点；第一章是全文的研究框架，重点在于建立重复博弈理论这一统一分析框架。第二部分由第二、第三、第四、第五章组成，主要运用重复博弈理论，研究产品差别化与市场透明度对合谋稳定性的影响。第三部分由第六和第七章组成，主要是以前面理论结论为基础进行案例分析。第四部分为第八章，对全文进行总结，并指出论文研究的局限性以及未来进一步研究的方向。论文结构框架见图 0 – 2。

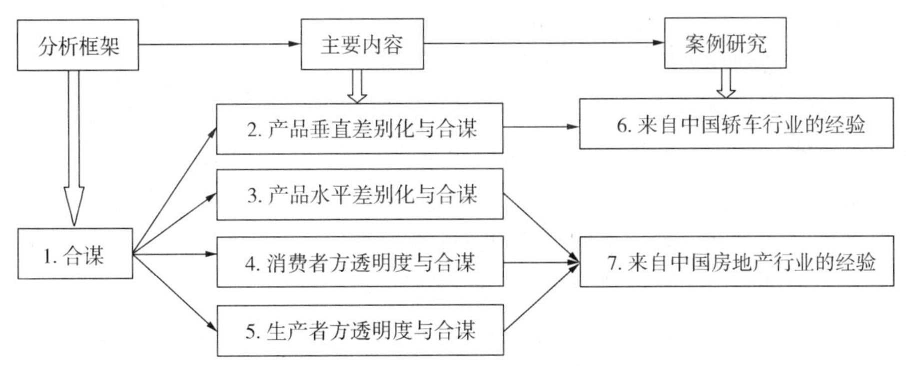

图 0 – 2 论文结构框架

具体而言：

第一章作为以后分析的基础，从合谋的定义、机制、合谋与价格战的关系、合谋的促进措施、对合谋的实证和各国对合谋的公共政策共六个方面，全面分析了合谋的机理，重点是介绍以重复博弈理论为基础的合谋机制，为以下各章奠定理论基础。

第二、第三、第四和五章讨论了市场环境对合谋稳定性的影响。

第二章使用 Mussa – Rosen（1978）的双寡头模型，在这个模型中，厂商

仅生产单一品种，可变成本是质量的二次凸函数而固定成本为外生给定的。得出如下结论：产品垂直差别水平的降低将使合谋难以维持，即产品垂直差别程度与合谋稳定性成正比。

第三章使用由 Hotelling（1929）提出，经 d' Aspremont 等（1979）和 Econoetrica（1984）改造后的水平差别模型在重复博弈框架下考察产品水平差别化对合谋稳定性的影响。具体结论如下：当产品重新设计成本较高时，即当产品差别程度是外生变量时，在产品差别程度较高的市场，联合利润最大化的合谋容易维持。如果联合利润最大化不容易维持，降低价格将使厂商能够成功地合谋。而且，产品差别程度越低，合谋价格也就越低。当产品重新设计成本较低时，即当产品差别化是内生变量时，如果贴现因子较高时，那么厂商将选择中等程度的产品差别，因为此时最有可能获得最大化联合利润。如果贴现因子较低，厂商为了维持合谋，将增加产品差别程度。除非贴现因子非常低，否则合谋价格将是不受限制的垄断价格。本书的结论表明在基于 Hotelling 模型的重复价格博弈中，产品差别化会缓和竞争并有利于合谋，即产品差别程度与合谋稳定性也是正相关的。

第四章在 Møllgaard 和 Overgaard（2000）研究的基础上，使用经 d' Aspremont 等（1979）和 Economides（1986）修改的 Hotelling 模型，研究了在产品水平差别化的市场上，消费者方透明度对合谋稳定性的影响。研究表明：当生产者方透明度不变时，消费者方透明度的增加将产生两种效应。一方面，透明度的提高增加了厂商在合谋均衡中实行背叛的诱惑，另一方面，它使得随后的惩罚变得困难。两种效应的方向不同，但第一种效应大于第二种效应，因此，消费者方透明度的提高使合谋难以维持，是有利于竞争的。

第五章接着第四章的研究思路，研究了在存在产品水平差别化的市场上，生产者方透明度对合谋稳定性的影响。结论如下：第一，当消费者方透明度不变时，生产者方透明度的增加有相反的效应。透明度越高，从合谋均衡中的背叛行为越容易被发现，这有利于合谋而不利于竞争。第二，如果双方透明度相同，透明度同等程度的增加将使合谋难以维持，因此市场透明度的增加有利于消费者而不利于厂商。如果生产者比消费者更容易得到价格信息，即如果生产者透明度高于消费者透明度，那么与双方透明度相同时的情况相比，合谋将容易维持。

第六、第七章为经验分析部分。其中，第六章以中国轿车行业为例，考察了产品垂直差别化对合谋稳定性的影响，并对企业如何避免频繁的价格战提出了相应的对策建议。第七章以中国房地产市场为例，考察了产品水平差别化、市场透明度对合谋稳定性的影响，并对解决中国房地产市场上存在的合谋行为提出了相应的对策。

第八章是研究结论、研究局限性与进一步研究的方向。首先对全文主要的研究结论与研究观点进行了总结。然后指出了论文在理论基础、研究范围以及实证研究的三个方面不足，并指出了未来进一步研究的方向。

二、研究方法

（一）非合作博弈理论

博弈论[①]，尤其是非合作博弈论[②]（Non－Cooperative Game Theory）为经济学家对策略性行为的分析提供给一个新的研究工具。如 Tirole（1988）指出的“它给产业组织理论提供了一个统一的方法论”，其基于正统的寡头垄断模型的一系统分析及成果，使得产业组织理论的发展得以成功地实现了向正统经济学的回归，形成了新产业组织理论。

作为以相互独立但又相互依存的个体间竞争和冲突为基本分析对象的数学理论，博弈论为研究厂商的市场行为提供了良好的模型背景，特别是对寡头垄断行业尤为适合[③]。

在运用博弈论重新分析寡头垄断市场的过程中，对“古诺—伯川德悖论”的解释，成为新产业组织理论各种研究所关注的一个焦点。重复博弈（Repeated Game）或超级博弈（Supergame）[④] 放松了“伯川德悖论”的一个关键

---

① 博弈论（Game Theory）又译对策论，是专门研究理性个体之间相互冲突和合作的学科。博弈论的创立以冯·诺伊曼和摩根斯顿的名著《博弈论和经济行为》在 1944 年出版为标志，但其飞速发展还是在纳什的两篇非合作博弈论奠基性论文在 20 世纪 50 年代初发表之后。

② 局中人不能达成一个约束协议（Binding Agreement）的博弈称为非合作博弈（Non－Cooperative Game），反之称为合作博弈（Cooperative Game）。纳什定义了非合作博弈论中最基本的概念——纳什均衡，并且证明了有限博弈中纳什均衡的存在性问题。

③ 众所周知，长时期以来一直不存在一个“统一”的寡头垄断理论。在博弈论模型中，均衡点对局中人策略变量的选择等模型条件十分敏感，从而博弈论的应用并没能出现一个“标准的”寡头垄断理论。不少经济学家因此怀疑博弈论在这一领域中的应用前景，但 Shapiro（1989）和 Tirole（1988）等认为现实中寡头垄断竞争的复杂性和多样性本来就不可能由一个单一的模型概括，博弈论正是凭借多变的均衡结果能对竞争中丰富的内容做出贴切的刻画。

④ 重复博弈（Repeated Game）或超级博弈（Supergame）是动态博弈中最重要的内容，它是由一个简单的博弈重复多次形成的，每次重复时局中人及其战略变量都不变，只是局中人可以根据已进行的博弈前期的情况来决定在将进行的博弈后期如何行动。其中的每次博弈称为“阶段博弈”。参见 Auman（1987）。多期博弈与重复博弈不同之处在于，局中人的行为选择分为若干选择，每个阶段都可以看成一个博弈，但各阶段的战略变量可以是不同的。比如，局中人第一阶段选择作多少广告宣传，第二阶段再选择产量，等等。在多阶段博弈中，经济学一般要求子博弈完美均衡。

假设：博弈的时间界限。在伯川德博弈中，厂商被假设在市场上厂商只“相遇一次”。他们同时但非合作地制定价格。因此，每个厂商认为如果将价格稍稍降低，它便能获得。而在无穷时间界限的重复博弈中，厂商将不得不比较短期收益与在价格战中的长期损失。

例如，“囚徒困境”（Prisoners Dilemma）也许是最为人熟知的一个博弈。它反映的是：一个看起来对大家都好的结果却被理性的局中人否决了，大家自愿地挑选了一个对每个人都更坏的结果。也就是说，帕累托最优对一群充分理性的人来说也往往是可望而不可即的。有的学者（张维迎，1996）也把这归纳为“个体理性与集体理性的矛盾”。寡头竞争事实上就是一个典型的囚徒困境博弈：由于竞争降低利润，如果各寡头能联合起来定产定价，整个行业像一个独占厂商一样行事，可供各寡头瓜分的行业利润将达到最大，每个厂商都可能从合谋中获得额外利益。不过，合谋协议是极不稳定的，因为它不是纳什均衡——对任何一个合谋成员来说，单方违约（适当降价并扩大生产）将获利更多。“囚徒困境”这一结构上最简单的博弈，从理论上印证了普遍存在的客观事实，但却也一时困惑了经济学家：实际上，虽然公开、完全的卡特尔并不多见，但即使在各国反不正当竞争法的制约下，市场中主要厂商间通过秘密协定或仅靠默契形成的不同程度的合谋行为仍然屡见不鲜，行业统一定价、行业自律价、人为划分市场等常常是许多市场上不成文的行规。过去，人们只能将这些现象归结于一些非经济因素（如产业的传统、道德约束等）。今天，经济学家利用重复博弈中著名的“无名氏定理”（Folk theorem）来解释这一现象。无名氏定理表明：如果将囚徒困境博弈重复无穷多次，或者重复有限多次但存在不完全信息，那么非合作的局中人可以克服“困境”，取得“合作”结果①。有了无名氏定理，只要一个市场中的厂商之间的关系不会是“一次性交道”，那么形形色色的厂商合谋行为将会获得新的理解。

总而言之，世界中大多数寡头之间的相互影响发生于相当多的时期中。从这个意义上来说，静态寡头垄断模型的用途就是有限的。从博弈论的观点来看，研究正在发生的寡头之间相互影响的最佳方法就是重复博弈分析。自 Friedman 在 1971 的开创性论文发表以后，合谋很快便成为产业组织研究中重复博弈分析的中心议题。近年来用来分析合谋的模型大部分是无限期重复寡头博弈。

尽管重复博弈模型是复杂的。然而，它提供了关于合谋的最佳研究方法。博弈论迫使经济学者考虑并确切地描述市场环境。原则上讲，这可以使人们

① 关于无名氏定理，可参阅 Friedman（1971）中有关介绍。

更好地评估模型的有效性；很少有人会仅仅因为它形式化了一些传统看法（如市场的高集中度导致的合谋等）而相信一个模型。在不能对各种模型预测能力做出结论性的、技术经济学的证据的情况下，我们可能通过考察模型（博弈的“扩展形式”）设定的特定竞争方式，而不仅仅是它的结果（如均衡价格或利润）是否符合商业报道或产业案例的非正规描述，来获得有价值的信息。

（二）案例研究

计量分析当然不是产业组织学经验研究的唯一方法①。由于缺乏满意的数据，许多应用研究人员更为关注通过对厂商和产业的详细案例研究（对此，人们还可以加上为反托拉斯而积累的证据），而展现有关厂商和产业的行为和绩效的证据。虽然这些研究有其自身的缺陷，但是，它们提出了许多令人感兴趣的见地。的确，产业组织学的理论家通常更乐于案例研究，而不是统计分析——这也许是因为，与产生于各种相同产业的很大样本中关于利润、集中、广告等的选择性统计相比，丰富的案例研究可能更容易再现产业的因素和行为。基于以下原因，再加上很难收集到令人满意的中国数据，所以，本书在经验研究中将主要采用案例研究的方法。另外，在美国和欧盟，判例是研究反垄断法的重要资源。在本书第二章到第五章，将选取美国和欧盟最具代表性的经典案例，透过经济学视角对之予以评介，以增加文章的解释力和说服力。除此之外，本书还以中国轿车行业、房地产行业和钢铁行业为例，对理论模型所得的结论进行经验研究。

三、主要创新

本书较为系统地在博弈论的基础上对默契合谋问题进行研究。主要创新表现在：

第一，在理论模型部分，对主要模型进行了局部的改造。主要体现在：第二章使用 Mussa - Rosen（1978）的双寡头模型对重复博弈模型中的需求函数进行改造；第三、第四和第五章中使用 Hotelling（1929）提出，经 d'Aspremont 等（1979）和 Econoetrica（1984）改造后的水平差别模型对重复博弈模型中需求函数进行改造，使之更符合本书的研究目的。

第二，在经验研究部分，在王皓和周黎安（2005）的中国轿车行业的价格战案例和况伟大（2004）的中国房地产业的合谋案例研究的基础上，以重复博弈框架中的合谋理论为基础，对案例进行了再解释，使之更符合实际。

---

① 参见〔美〕泰勒尔，《产业组织理论》（中译本），北京：中国人民大学出版社，1997 年，第 4 页。

第一章 合 谋

经济学家们对合谋的兴趣由来已久。鉴于“合谋”一词在经济学和法律文献中有着不同的意义，这种兴趣从一开始起便朝着两个不同的方向发展。因为考察对象的不同，经济学所关注的是合谋机制和市场环境对合谋机制的影响，即关注能支持合谋并使厂商达到垄断价格（或产出）的策略性分析和影响因素分析。而法律对合谋行为规制的重点则放在证明固定价格或产量协议的存在上。

经济分析提供了对合谋机制的基本种类和它们共同特征的一个更好的理解。它也提供了关于市场环境对合谋行为和惩罚行为的有效性影响分析。因此，经济学对合谋的分析可分为两部分：一部分是合谋机制本身，一部分是对影响合谋稳定性的市场环境进行分析。相对应的，公共政策也分为两部分：一部分是针对合谋行为本身的，一部分是兼并规制，主是机理是兼并将影响市场环境，从而将引起厂商进行合谋的危险。

第一节 合谋的定义

在经济学中，合谋（Collusion）或合谋行为（Collusive Behaviour）指的是厂商同意协调（Coordinate）行动的一种行为①。它一般包括两个要素：第一，为了达成协议（Agreement）② 而进行的交流、讨论和信息交换的过程；第二，给定其他参与者遵守协议时，一定存在因背叛行为而获得的短期利润和随后为了强制实施协议而对背叛行为的惩罚（如价格战）③。

在寡头垄断市场上，公开合谋（Explicit or Overt Collusion）和默契合谋（Tacit or Implicit Collusion）④ 的区别在第一个要素上。即，如果厂商间没有明

① 参见 Rees, R., Tacit Collusion, Oxford Review of Economic Policy, 1993 (9): 27 -40.

② “协议”这一术语并不一定意味着厂商们订立了一项承诺某种行为的明确协议，它可以包括任何安排或默契、各种口头协议以及没有法律效力的协议，而不管这些协议是多么的不正式。

③ 对合谋与价格战关系的讨论，详见第六章。

④ 也被称作“自觉平行（Conscious parallelism)”或“平行行为（Parallel conduct)”：当厂商进行默契合谋时，如果结果是所有厂商的价格是相同的，平行定价，那么这就是自觉平行。

确的交流和讨论，厂商也可以通过协调它们的行动使得共同利润最大化。寡头垄断市场上的厂商也许可以采取一些促进措施（如价格领导制等，详见下文）来默契地提高价格。例如，如果某厂商提高了产品价格，如果没有合谋协议的存在，似乎其竞争对手正常的反应是借机维持价格不变，或者至少使价格低于宣布提价厂商的产品价格以扩大自己的产出或收益，但事实是该厂商也可能宣布提价。即所有的厂商都了解这种提价的“默契协议”，而并不需要达成协议的过程。正如 Chamberlin（1929）指出，在生产同类产品的寡头垄断中，厂商会认识到他们之间的相互依存性，因而能够不必实行明显的勾结而维持其垄断价格。残酷价格战的威胁足以阻挡削价的诱惑。因此，寡头垄断厂商能够以一种纯粹非合作的方式进行勾结[①]。如 Friedman（1971）指出，默契合谋描述了发生在真实世界的现象，但这种现象并不包括协议。

然而，对于公开合谋和默契合谋而言，第二种要素——惩罚机制总是存在的。对于厂商而言，无论是否可能进行价格（或产量）协调，总存在将价格提高到非合谋价格之上的诱惑。但同时，也存在进行背叛的诱惑，通过单方面的降低价格（或提高产量），这个背叛厂商可能获得大部分的市场份额并获得可观的短期利润。因此，为了让合谋不破裂，必然存在相应的惩罚机制去惩罚背叛者，使背叛厂商最终无利可图。

综上所述，在经济学家看来，是否存在信息交流是无关紧要的，重要的是自利（Self－Interest）的参与者能否维持所达成的合谋协议。如果情况不是这样，那么这种明显的交流仅仅只是“廉价的交流（Cheap Talk）”。当竞争是一次性的时候，这种情况常常发生[②]。但是，虽然经济学家所关注的是合谋是否能被厂商自利行为所支持，但这并不意味着它们忽略了对信息交流作用

① 他的原话是：“如果每个厂商理性地、明智地追求最大利润，他就要认识到：当只有两个或少数几个销售者的时候，他自己的行为对其竞争者有相当大的影响；而且不可假定他们会接受强加于他们的损失而不予报复。由于任何一方的削价的结果都不可避免地减少他自己的利润，没有人会削价，而且，尽管销售者是完全独立的，均衡结果就会像他们签订了垄断协议一样”。张伯伦甚至认为，在没有阻碍因素（下面将要讨论）的情况下，垄断价格是最可能的结果。

② 例如，假设政府希望一次性通过密封投标的方式卖掉一块土地的矿藏开采权，要求参加者给出需要的面积和每单位面积的价格。尽管是在竞争性的世界市场上销售，但仅有两家厂商参加。每家厂商知道这块地的价值是每单位 100 美元，并且知道其他人知道但政府不知道。政府给出的保留价是每单位 10 美元。如果厂商竞争性地竞标，那么每家将给出每单位 100 美元的价格。但如果他们为了达到利润最大化，最好的方法是签订竞标价格为每单位 10 美元，各得一半的面积的合约。这样的合约当然是不合法的。而且，也不是自利的厂商所能维持的合约。如果一家厂商相信另一家厂商按合约报价，那么它只要报出稍高于 10 美元的价格就可能获得整块土地的开采权。但他会意识到另一家厂商也会像这样计算……不管厂商讨论的内容是什么，如果不能签订合约的话，那么厂商所讨论仅仅是“Cheap Talk”。最终，厂商将进行竞争性竞标。

的研究。

在分析合谋的有关文献中，我们经常可以看到“卡特尔（Cartel）”的字眼，其实合谋与卡特尔的区别仅在于合谋并不一定需要成员间正式的协议（例如默契合谋），无论这种协议是公开的还是秘密的。因此，在这个意义上来说，卡特尔和合谋中的“公开合谋”是同义的。然而，值得注意的是，由于合谋和卡特尔的经济后果是相同的，所以常常被交换着使用。① 如默契合谋就经常被戏称为“早餐卡特尔”或“挤眼卡特尔”②。

合谋可以采取多种形式。它可以是公开的，默契的或两者的结合。然而，因为公开合谋一般被大多数国家的法律所禁止，所以本书的研究对象主要是默契合谋。如果没有明确的说明，合谋、默契合谋或卡特尔都指的是默契合谋。

第二节　合谋机制

一、传统分析

自 Chamberlin（1929）开始，许多经济学家（如 Stigler，1964）认为，寡头垄断下的重复作用会有利于合谋行为，这是因为厂商受到将来报复行动的威胁③。在有些时候，因为存在着可能阻止勾结的因素，如观察的滞后、厂商间的非对称性④、多个市场接触、行业中的厂商数目⑤等，这种相互作用可能会导致静态寡头模型中的非合作行为（如伯川德竞争、古诺竞争等）。可以说，这些从直觉出发所得出的结论对于后来的研究具有方向性的指导作用，有些结论也被重复博弈理论所证实。但是，对这种现象的正式模型需要动态的策略性模型，而在这类文献中不可能找到这样的模型。因此，这些文献的缺陷在于缺乏一个连贯、系统、正规的模型。

继 Stigler（1964）后，有相当多的文献试图在静态框架下分析动态方面的问题。这类文献一般假定厂商会预期到竞争对手对自己价格选择做出反应。

---

① OECD Centre For Co – Operation with the European Economics in Transition “Glossary of Industrial Organization Economics and Competition Law”, p. 21.

② 转引自杨农，企业合谋和价格战的动态分析，《预测》，2001 年第 6 期。

③ 详细可参见 Scherer（1980）对传统看法的详尽的描述。

④ 对这两个因素的详细论述可见第三、四、五和六章的引言或文献综述部分。

⑤ 贝恩（1956）对市场集中的最初关注就是以下述直观看法为基础的，即高度集中是产生合谋后果的必要（如果不是充足）的条件，这构成后来的 SCP 范式的基础。

他们所使用的方法包括扭结需求曲线（Kinked Demand Curve）和推测变差理论（Conjectural Variations）[①]。这两种方法简化了复杂的动态价格竞争，而且，某些在静态模型中的推测反应与动态重复博弈的分析结果是一样的。但是，这些方法的主要缺点在于：按照定义，静态对策是这样一种对策，在其中每个厂商的选择是独立于它对手的选择之外的。根据其特有的时序和信息结构，厂商之间不能互相做出反应。因此，这种推测是不合理的，它没有服从博弈论所设定的规则[②]。而且，从动态意义上来说，合谋是否稳定取决于单个厂商未来利润损失的贴现值与由背叛所致的短期收益的贴现值的权衡（下面将讨论），因此，从其内在本质来说，这种得失权衡是静态模型所无法分析的。

二、重复博弈（超级博弈）

重复博弈模型为合谋理论提供了一个可选择的研究框架[③]。因为合谋是动态的——合谋厂商必须权衡由背叛行为所获得的短期利润和因背叛行为所损失的长期利润，因此，对合谋的分析需要一个动态的框架，需要考察历史的相互依赖行为。而在动态博弈中，重复博弈也许是最简单清楚的模型[④]。

重复博弈模型对合谋理论重要的贡献是引入了一个连贯正规的框架。其优势在于：第一，使用这个模型，能更简洁和有序地讨论合谋机制的稳定性。第二，这个模型使我们能够探索合谋形式和内容间更为复杂的关系，能探索市场环境对合谋的潜在影响[⑤]。有许多学者运用重复博弈理论对合谋问题展开了研究。例如，Green 和 Porter（1984）对秘密削价的研究，Rotemberg 和 Saloner（1986）对波动的需求的研究。Bernheim 和 Winston（1986）对多市场接触的研究等。

（一）重复博弈的方法论

1. 无限时界

传统经济模型的某些假设是模糊的。这些模型通常被作为“单期博弈”

---

① 详细可参见泰勒尔（1988），第 316 ~ 318 页。

② 推测变量的研究方法可能在实际工作中，在评估一个行业的非竞争性程度方面，是个有用的方法。

③ 在重复博弈中可以得到合作均衡的思想可以回溯到 Luce 和 Raiffa（1966）。正式的模型由 Friedman（1977）提出。对重复博弈理论在合谋研究中的应用，详见 Tirole（1988，第 245 ~ 253 页）。

④ 参见 Kyle Bagwell and Asher Wolinsky，2000，Game Theory and Industrial Organization，Mimo，Handbook of Game Theory。

⑤ 同上。

模型：假定竞争是一次性，各厂商同时喊出自己的价格，然后就“消失”了。其实，假设厂商只相遇一次显然是不现实的。例如，行动（Action）和反应（Reaction）这两个概念实际上就假设了两个时点。实际上各厂商往往是多次相遇。由于耐久性投资、技术知识和进入壁垒等原因，各厂商间形成了相对稳定的长期竞争关系（对于寡头垄断行业，特别如此）。然而，应该明确说明多期市场模型中的时间界限。为了简化动态模型，常常假设每期的市场状态是相同的：同样数目的厂商，面对同样的市场需求，成本条件相同等。关键的区别在于：厂商是在有限期内选择产量或价格还是尽管期数为有限期，但厂商不能确切地知道何时结束，或者期数为无限期。

人们可能认为，厂商在进行价格与产量决策时，考虑无限期是不现实的；在任何时刻，它们都在有限期的基础上做决策是较为现实的。但是，这种考虑会带给我们一个刻板的理论结果。当知道确切期数时，基于逆向归纳的论证①能被建立，多期博弈的均衡策略仅仅由重复单期的纳什均衡组成。例如，在单期的伯川德均衡价格时，没有厂商试图向默契合谋均衡移动，至少在具有完全信息、完全理性的厂商行动的条件下，情况是这样的。这个结论太强了，以致令人难以置信。因此，对有限期博弈不需要再进行额外的讨论。

但是，如果博弈是无限期的，不知道最后一期的逆向归纳从何处开始，讨论作为重复博弈的非合作均衡，讨论哪种合谋行为能被维持的情况具有重要意义。因此，一个没有界限的时间对合谋结果是关键性的。这就提出这样一种可能性：这些结果对于有限长度的价格相互作用——这样一个合理的假设是不成立的。对于无限期的假设，无须过分地严肃地对待。例如假设在每个时期有 $x \in (0,1)$ 的概率市场“活下去”，即各个厂商继续在市场上竞争（可以设想 $1-x$ 为产品被废弃或激烈的竞争爆发的概率）。那么，博弈会以概率1在有限（但随机）的时间内结束。然而，一切就好像时期是无限的，并且诸厂商的贴现因子（Discount Factor）等于 $\tilde{\delta}=\delta x$。因此，如果 δ 和 x 都足够高，重复博弈合谋就可以实现。

---

① Telser（1971）最先说明了上述观点的理由。假定企业知道市场将存在 τ 个时期。在第 τ 期，企业知道这时不再存在“报复”的问题。因此，根据考察一期模型时所阐述的理由如可知，市场结果将是纳什—古诺均衡。现在，考虑第 $\tau-1$ 期，第 τ 期的结果已经确定下来，因而它也就不依赖于第 $\tau-1$ 期的行为。这样，企业也就能够且应该理性地把 $\tau-1$ 期视作最后一期。历此，第 $\tau-1$ 期的结果也将是纳什—古诺均衡。完全一致的逻辑按顺序对于 $\tau-2$，……也是适用的。因而从一开始，市场结果如一期博弈时一样（这个分析依赖于所有企业关于博弈的所有方面具有完全信息这个假设）。

2. 同步行动

同步行动假定厂商总是同时选定价格。即，在一家厂商选择它自己的价格时，它的当前利润不再受它的对手以前价格选择的影响。容易看出，对于重复博弈的主要结果来说，同步假设不是关键性的（无名氏定理也适应于低耐心的情况）。但是，它意味着特定的行为。在上述意义上，厂商的策略是自我实现战略：在任一时间点上，过去的价格不影响当前（或将来）的利润。因此，如果一个厂商要根据以前的价格选择来调整它的价格行为（在合谋均衡中），其唯一的理由是：别的厂商也这么做了。合谋结果来自精巧的自我实现的期望，厂商不会遵循一些简单的策略，诸如在市场份额已被对手侵略性价格行为所破坏之后，争取恢复自己的市场份额。在重复博弈中，市场份额在厂商做出反应时已不会再受到破坏。如果我们排除了自我实现均衡，留给我们的就只有不存在合谋的竞争均衡了（例如重复的伯川德行为）。

3. 均衡的多重性

重复博弈均衡的多重性是一个“富有的窘境（Embarrassment of Riches）”问题。因此，需要一个合理的、系统的理论，来说明厂商在特定的均衡中如何相互协调。要求这一理论有预测力，并且为比较静态学所接受是必要的。一个自然的方法是：假设各厂商协调于一个均衡，这个均衡是所有均衡利润集合中的一个帕累托优化点。还可以进一步通过选择对称均衡，来切除余下的均衡集。为了使均衡概念保持吸引力，厂商必须以某种方式协调在“聚点均衡（Focal Point Equilibrium）”① 上。有关文献一般用选择程序假定来选择均衡，即在对称博弈中，聚点均衡也是对称的，并且聚点均衡必须从两个厂商的观点看是帕累托最优的（即支付必须在利润集合的边界上）。例如，如下所述，在触发战略中，这些假定显然选定了提供阶段利润 $\pi^1=\pi^2=\pi^c/2$（当 $\delta\geqslant 1/2$ 时）的均衡战略。

（二）重复博弈的具体内容

如定义所言，合谋可以看作厂商间所签订的协议，但这个协议在大多数市场经济国家的法律体系中是被禁止的，因此，为了维持这个协议，合谋只能是子博弈纳什均衡（A Subgame Perfect Nash Equilibrium，SPE）。在重复博弈框架下，每一期的博弈一般存在一个或多个纳什均衡（Nash Equilibri，NE）。重复博弈的子博弈纳什均衡是在每期进行竞争性的单期纳什均衡。然而，如上所述，只有贴现因子较高时，合谋才能被作为均衡而得以维持。如果单期的纳什均衡被看作一种惩罚策略（这种惩罚策略也被称为“触发策略

① 参见 Shelling（1960）。

(Trigger Strategies)")①，这种惩罚策略就形成了整个博弈的子博弈纳什均衡。如果从背叛行为中所获的单期利润小于因接受惩罚而带来的长期利润流的损失，那么合谋将是纳什均衡。因此，人为地增加贴现因子 δ 将使贴现后的利润流增加，背叛行为将不会发生。

考虑一个对称双寡头博弈的例子。厂商在市场上每期都相遇并同时选择策略变量②。厂商同时选择策略构成一个阶段博弈。假设这个阶段博弈有唯一的纳什均衡组合，此时每个厂商将获得利润 π^n。如果厂商能够在他们同时选择的策略上完全合谋，那么每个厂商将获得利润 π^c。自然地，我们期望 $\pi^c > \pi^n$。然而，假设合谋结果与纳什均衡结果是不同的，每个厂商都存在从合谋（公开的或默契的）中背叛的动力。因此，如果其他厂商在这个阶段进行合谋，背叛厂商将可以获得利润 π^d，在这里 $\pi^d > \pi^c$。因此，$\pi^d > \pi^c > \pi^n$。此时，非合作均衡利润 π^n，低于厂商从合谋中获得的利润 π^c。然而，在完全静态环境中，合谋策略组合③引起的 π^c 是不稳定的，因为追求利润最大化的厂商将想通过背叛获得更高的利润 π^d。

如果厂商遵循合谋路径④，厂商将获得稳定的利润流 π^c，该厂商的贴现收益为：

$$V^c = \pi^c + \delta\pi^c + \delta^2\pi^c + \delta^3\pi^c \cdots = \frac{1}{1-\delta}\pi^c = \pi^c + \frac{\delta}{1-\delta}\pi^c \tag{1.1}$$

相反地，厂商的一次背叛将带来背叛利润 π^d，下一期将获得非合作利润流 π^n，该厂商的贴现收益为：

$$V^d = \pi^d + \delta\pi^n + \delta^2\pi^n + \delta^3\pi^n \cdots = \pi^d + \frac{\delta}{1-\delta}\pi^n \tag{1.2}$$

在这里，δ 代表厂商的贴现因子⑤，$\delta \in [0, 1]$。纳什触发策略通过这样

---

① 触发策略通过一种严厉的威胁维持合作行为：如果任何一个参见者偏离合作路径，那么所有参与者将永久性地放弃合谋收益来惩罚背叛者。它的最终策略向量是一个子博弈完美均衡。参见 Friedman（1971）和 Tirole（1988）对触发策略的讨论。触发策略的优点之一在于它在保持分析易处理的同时抓住了重复博弈的实质。第二个优点在于它是所有惩罚策略中最严厉的策略（另外的策略包括最优对称惩罚策略（Abreu，1986）），当惩罚变得温和时，合谋可能将难以维持。因此，触发策略为合谋的维持提供了必要的条件。

② 目前，策略变量的具体特征并不重要，大家所熟知的是价格或产量模型。更为一般地，厂商也许会在营销和广告、为产能的投资、研发、产品特征等变量上竞争。

③ 即市场份额或垄断定价。

④ 即所有的厂商都达成合谋协议。

⑤ 不失一般性的，我们假设厂商的贴现因子相同，即厂商有相同程度的耐心。如果厂商的贴现因子不同，那么下面所论述的临界条件取决于最没有耐心的厂商的贴现因子。

一种严厉的威胁维持合作行为：如果任何一个参与者偏离合作路径，那么所有参与人将永久性地放弃合谋收益，转向静态均衡策略来惩罚背叛者。它的最终策略向量是一个子博弈完美均衡。

因此，在各期进行完全合谋需要：

$$V^c = \pi^c + \frac{\delta}{1-\delta}\pi^c \geqslant \pi^d + \frac{\delta}{1-\delta}\pi^n = V^n \tag{1.3}$$

更简洁的表达式为：

$$\delta \geqslant \gamma \equiv \frac{\pi^d - \pi^c}{\pi^d - \pi^n} \tag{1.4}$$

在这里 γ 表示维持（完全）合谋的临界贴现因子。所需的 γ 越小，合谋越稳定。

三、市场环境与合谋稳定性

如上文所述，合谋从动态相互作用中产生。当厂商决定是否坚持合谋价格或背叛时，厂商必须推测竞争对手的将来行为。当厂商推测任何降价行为的尝试将遭到竞争对手的残酷报复时，合谋将出现。因为惩罚在将来发生，而背叛会产生直接的利润，合谋的稳定与否取决于当时坚持策略的收益贴现值和背叛的收益贴现值。两者都取决于贴现率以及由合谋的具体策略所限定的市场结构和厂商行为。

当厂商重视将来利润时，合谋才能被维持，例如长期贴现因子不是太小时。下面我们将考察主要的相关因素和讨论它们对合谋可维持性的影响。

可将影响合谋的稳定性市场环境可分为以下几类：①

（一）市场结构变量

包括竞争者数量、进入壁垒、厂商接触频率，产品差别程度、市场透明度等。

（二）需求方因素

包括市场增长率、市场萧条、通货膨胀或商业周期等。

（三）供给方特征

如技术进步程度，生产能力或生产成本是否对称等。

（四）其他因素

其他因素包括需求弹性（Demand elasticity）、买方市场力（Buying

---

① 参见 Tirole et al.，The Economics of Tacit Collusion，IDEI，Toulouse，Final Report for DG Competition，European Commission，March 2003。

power)、结构联系（Structural links）、网络效应（Network effects）等。

这些因素都可能影响合谋的稳定性，最常见的是，在一个给定的行业，将存在一些有利于合谋的因素，也存在不利于合谋的因素。因此，这种分析将是复杂的。最理想的结果是，可以构造一个包括所有因素的超级模型。然而，这似乎不可能的。因此，有必要去确认在每个特定产业中的最相关的因素，然后对这些因素确定优选顺序。①

四、促进措施

促进措施（Facilitating Practice）是指有助于厂商之间协调彼此定价（或产量）的行为或做法，因此，在真实世界的市场上，许多促进措施被创造和发展起来。促进措施形式多种多样，最典型的形式有信息交换、行业协会、价格领导制、基点定价等。我们将按这些促进措施在现实世界中出现的频率来讨论这些措施。

（一）信息交流（Information Exchange）

如前所述，虽然是否存在信息交流对合谋的成功与否并不重要，但厂商间的信息交流能够促进合谋的维持和稳定。厂商可以达成正式的信息协议，在这个协议之下，他们交换关于成本、产出、价格和折扣方面的信息。厂商间交换成本和需求的信息使协议的制定变得更加容易。交换价格和产量的信息对于发现背叛是非常重要的。背叛和发现背叛之间的时滞越短，背叛的动力就越小。这样的信息交流当然也可能在不存在正式信息协议的情况下进行。

（二）行业协会（Trade Association）

行业协会是由单一行业的竞争者所构成的非盈利性组织，其目的在于促进该行业中的产品销售和雇佣方面提供多边性援助服务②。许多行业都存在行业协会这样的中心组织。行业协会的职能是处理行业总体的公共关系，组织会议、商品交易会等。然而，它们也可以充当推动合谋的措施，如收集和分发关于成本、产量和价格的信息，建议价格清单和维持价格或产量协议等。例如，律师、医生和建筑师专业协会公布“推荐价格”，螺帽和螺钉协会实际上雇佣个人佯装卖者试图从被怀疑背叛的卖者处获得折扣。行业协会也可以提供一些例如对整个市场的需求预测和产能计划等服务。这对达成短期价格

---

① 由于受篇幅和时间的限制，无法对上述因素进行详细地分析，因此，本书对产品差别化和市场透明度这两个因素进行了详细地分析。

② 参见 Joseph，F. Bradley，The Role of Trade Association and Professional Business Society in America，1965，p. 4。

协议和阻止过度产能是重要的，而过度产能在长期看来，对合谋是一个严重的威胁。至少，行业协会会经常提供亚当·斯密（1776）所提到的“聚会和娱乐”的机会。Posner（1976）曾经指出美国所有的反垄断案中，43%涉及了行业协会。

（三）价格领导制（Price Leadership）

价格领导制是指行业中以某个厂商作为价格变动的领导者，在新价格实施前提前宣布价格变动和变动日期，而其他厂商即“价格追随者”则根据其行为而确定自己的价格行为方式（Roy 等，1994）。即使当产品存在差别时，价格间的差别也非常小，而且这种价格变化可以保持很长时间。在许多寡头垄断行业，定价模式以价格领导制为特征。

Markham（1951）将这种定价模式称为“代替公开合谋的价格领导制”①。因为在“Smoke－Filled Rooms”中聚会所签订的协议违反了反垄断法，厂商有理由使用这样的公开宣传去进行合谋。Markham 的观点得到了 Rotermberg 和 Saloner（1990）的支持。他们考察了一个基于产品差别化的双寡头模型，厂商获得不对称信息。获得信息较多的厂商提前宣布价格变动决定，这个领导者接着希望跟随者去准确地跟从。这种价格领导措施是解决在众多可能的协议中选择一个价格协议的方法。如果领导者擅长发现共同接受的价格或者有市场垄断力去惩罚背叛者，协议完全有可能是默契的。因此，许多研究者将价格上的“自觉平行（Conscious Parallelism）”和价格领导制联系在一起，认为价格领导制是默契合谋的真正核心内容。

（四）合作研发和交换使用专利（Collaborative Research and Cross－Licensing of Patents）

因为高的固定成本、规模经济和共担风险等充分的理由，厂商可能会汇集研发资源，成立一个联合的研发机构。这将明显地限制在产品设计和创新上的竞争，促成新产品的统一定价。在交换使用专利上，厂商许可竞争对手

① 在 Markham 看来，这种价格领导制与其他两种形式的价格领导制是有区别的。一种是晴雨表型价格领导制，指的是价格领导者仅仅宣布价格。与合谋价格领导制相反，晴雨表型价格领导者没有力量去影响行业中的价格。实际上真正的价格也许很快就脱离于晴雨表型厂商所宣布的价格，但它不能实施任何影响去阻止这种情形发生。当价格领导制包括在产品差别化市场上匹配价格到分时，晴雨表型价格领导制因此看上去不使人信服。另外一种价格领导制，一直是标准模型所研究的焦点，是以支配型厂商的存在为出发点的，这类模型（Gaskins，1971；Judd 和 Petersen，1986）假定支配型厂商在同质品市场上设定价格。这个价格被处在竞争边缘的厂商看作给定的。不幸的是，这类模型不能解释由几家大厂商所组成的寡头市场的行为。这样的大厂商不能假定为其价格被其他厂商所给定。相反，他们的行为被看作策略性的。

使用自己的专利。厂商用专利去规定销售价格和限制销售地点是合法的。因此，表面上看起有利于竞争的措施实际上是一种合法的合谋。

（五）最惠顾客条款和价格配合（Most Favoured Nation，MFN and Meeting Competition，MC）

Salop（1986）指出：最惠顾客条款是令一厂商向所有顾客收取它所可能提供给任一顾客的低价格，它消除了一个厂商特权范围内的选择性降价，从而使（在边际收益的一般计算结果之内）放弃由在一个高价格上的所有销售所致的收益能够与由仅在一个低价格上所取得的销售增长所致的收益所抵消，并由此提高背叛合谋均衡的成本。

在一个不同的水平上，如果所有顾客都被告知发生了降价，那么竞争者获悉这一降价行为并进行报复的概率就会增加。因此，最惠顾客条款减少了通过背叛获得的利润，同时也缩短了竞争者对这种背叛做出反应的时间间隔。这两种作用都减弱了背叛的动机。①

利用价格配合配合政策，一个厂商就可以配合竞争者合法的较低价格，即所谓“我们不会相互压价竞争”。就像 Salop（1986）所特别指出的那样，价格配合政策对于减弱背叛动机有两方面的效应。首先，这一政策使消费者拥有通知竞争者们将发生价格下跌的动机；其次，在降价配合的预期上，这一政策把降价的收益减少到与总销售增加相对称的份额，从而消除了任何不当商业竞争行为的影响。

（六）纵向限制（Vertical Restraints）

纵向限制，包括转售价格维持（Resale Price Maintenance，RPM）和独家代理（Exclusive Territories）和限制零售商竞争等。零售商可以利用这些手段来稳固和生产商间的合谋。当然，纵向限制既可以减少了品牌间（Intra－brand）竞争，可以减少品牌内（Inte－brand）竞争。Rey 和 Stiglitz（1995）表明独家代理可以用来降低品牌内竞争。Rey 和 Verge（2004）表明转售价格维持可以导致生产商的联合利润最大化。不过，他们的结论并不是建立在重复作用的基础上，可以被看作静态寡头模型。Jullien 和 Rey（2001）证明在无限重复博弈中，转售价格维持有利于合谋。生产商通过当地零售商销售商品，当地零售商可以观察到当地的情况，因而可以调整价格。转售价格维持有利于发现背叛行为，因此使合谋容易维持。

转售价格维持是指供应商通过合同控制零售商的最低价格水平。如果零

① 参见 Belton（1987）、Holt 和 Scheffman（1987）。

售商不按供应商的建议价格销售商品，供应商就拒绝供货。转售价格维持通过消除价格波动使背叛行为易于察觉。[①]

（七）基点定价（Basing Point Pricing）

这种定价方式通常发生在钢铁、水泥等行业，在这些行业中，运输成本相对于产品成本而言较高，买方和卖方在空间上分散。在这种定价方式下，总的交货价格等于交货定价基点的通行市场价格加上从该基点始计的运费。买方所支付的价格，取决于买方所在地与某一交货定价基点的距离，而不是买卖双方所处的实际距离。如在美国的钢铁销售通常采用匹茨堡作为交货定价基点，如果芝加哥的一家厂商向俄亥俄州的一家钢铁厂购买钢铁，那么芝加哥的这家厂商所支付的钢铁买价 = 匹茨堡钢铁价格 + 匹茨堡至芝加哥的运费（运费是公布的标准费率）。

基点定价是一种用来方便合谋的精巧机制，它可以防止相互竞争的厂商将折扣暗藏在低的运费之中，要求所有的厂商均只索取同样的运费和同样的价格，将使那些偏离合谋价格的削价行为暴露无遗。[②]

（八）共同成本手册（Comom Costing Books）

在有些行业，因为买方的特殊要求，必须对产成品形式进行变化（例如工业引擎和建筑服务等），厂商可以使用共同成本手册来制定价格。产品是由零部件构成的，零部件一般是标准化的，厂商可以通过规定零部件的价格加总来计算产品的价格。这鼓励了厂商间的价格一致性，使背叛行为容易被发现。

以上所列出的是在现实世界中经常会遇到的大部分促进合谋的措施。这些促进措施有时被单独使用，有时会被联合使用。如行业协会就可以使用价格领导制和促进信息交流来促进合谋。

另外，特定的市场也许会提供特殊的措施的例子。例如，如果航空公司共享计算机预留系统，这使得它们容易操纵价格并进行价格合谋。保险公司也许会精确地计算出损失概率，这导致了费率上的一致性。还值得注意的是，厂商经常让他们的观点被同行所知。例如，在午餐会后的演讲上、新闻采访中或行业协会的内部刊物中等。

---

① Mathewson 和 Winter（1998）认为有两种假设解释 RPM 如何成为便利合作的商务实践：一种观点认为它是一种制造商卡特尔，另一种认为它是销售商卡特尔。

② Stigler（1968）认为当需求随地理分布变化而变化时，基点定价就是一个次优选择的共谋方案。Benson 和 Greenhut（1990）认为基点定价可以减少执行成本，增加合谋的稳定性。

第三节 实证研究

如上所述，重复博弈模型反映了现代博弈理论的优点和缺点。他提供了“可置信惩罚”的精确特征，提供了一个规范的分析方法，贴现因子、需求、产能和成本参数相互作用地决定合谋的可维持性。但同时，重复博弈模型并不能说明厂商将在数量众多的可能均衡中（给定合谋将可维持）会选择其中的一种。厂商被假设有无限能力去计算出策略和盈利，沿着正确的推理链，引导他们到达非合作均衡策略。厂商真的能做到这些吗？

Slade（1987）对温哥华汽油零售市场所作的实证研究富有启发性。研究表明：通过重复博弈，汽油站做的要比它们仅参加一次非合作博弈时更好，然而其利润却远远低于垄断利润。从 Slade 的研究可以看出，在许多寡头垄断市场中，某种程度的合作行为极有可能出现，并可能成为市场准则。

Rees（1993）讨论了英国白盐市场（White Salt Market）。在这个市场上存在两家厂商，这两家厂商实质上供应整个英国的盐市场。在大约 13 年中。他们的价格一直是相同的，而且各自在几个星期内回应对方的价格变化。价格领导者的身份随着时间的改变而改变，没有固定的模式。在正式实施的一个月前，一家厂商会以书信的方式通知另一家厂商自己将涨价的意图，另一家厂商会在这段时间内回应。对于同质产品的竞争性市场，价格往往是一致的，而且追随对方很近。很清楚的是他们明白默契合谋的逻辑，其中一家厂商的经营人员曾经说过：“如果我们提高的价格比对手的价格略低一些，或者不降低自己的价格至相同的水平，这将导致对手长期的报复。”

Genesove 和 Mullin（1998a，b；1999）讨论了食糖协会这样一个行业贸易协会于 20 世纪早期促进美国食糖行业在进行有效合谋方面的作用。这个协会没有直接决定价格，但它控制着旨在大力提高价格透明度以及使秘密削价难以进行的各种措施。食糖协会的这些措施便于察觉背叛行为。在降价行为趋于明显时，他们观察到了存在报复的证据，但是两者的关系并没有主流模型所假设的那么严密：降价虽然得到了其他厂商的配合，但并没有回复到一次性纳什均衡上。

波特（1983b）认为从 1880 年到 1886 年，美国铁路联合执行委员会（Joint Executive Committee，JEC）采取的内部执行机制就是触发战略的变形。一旦合谋中某个厂商有欺骗行为发生，整个行业就会降低价格，一段时间后再回到合谋价格。波特发现不合作时期平均持续 10 周左右，而在合作时期，价格上升 66%，运输量下降 33%。作为一个整体，在合作时期，合谋厂商的收益增加了 11%。

来自自然和实验性市场的经验性研究表明：非合作寡头垄断所获得的利润能够超过单期非合作水平，而低于联合利润最大化水平。有证据显示，理论文献所设计的诸多报复手段模型在实践中确实出现过，虽然它们并没有像理论上所假设地那么严厉。

第四节　公共政策

西方国家反垄断法体系[①]对合谋的规制按方式分，可分为事后规制和事前规制。事后规制是对合谋发生后的判决，而事前规制主要反映在对兼并可能产生的合谋做出判断，从而判断兼并是否应该批准。

一、事后规制

在许多国家的反垄断法体系中，对于公开合谋的态度是相当明确的。而对于默契合谋，却不太明确。[②]

（一）美国

在美国，对于公开合谋，《谢尔曼法》第 1 条禁止“所有旨在限制贸易或商业的合同、以托拉斯或其他形式进行的联合或合谋，均为非法。因此，公开合谋中直接限制价格和市场划分的限制贸易的案件被认为本身即具有明显的限制性特点，一般适用本身违法原则（Pe Se Illegal）[③]，法院只需查明竞争者之间共同协议的证据。但对于默契合谋的态度却是不明确的，从以下几个

① 在欧盟，反垄断法被称为竞争法（Competition Law），在美国被称为反托拉斯法（Antitrust Law）。为研究方便，在本书统一称为反垄断法。

② 其原因是：在寡头垄断的情况下，是否可以在推断出协议的证据不足的情况下，主要从该协同性行为的存在，如价格的一致变动，来认定该行为违反反垄断法。协同行为是厂商行为的外在表现，产生的原因可以是当事人之间的协商或协议，也可能是其他原因。如果能够证明或推断有卡特尔协议的存在，当然可以认定为违反反垄断法；但是如果主要从该行为本身来认定违反反垄断法，前提必须是有充分的经济学推理来证明该行为的产生不需要当事人进行协议也可能做到，并且在该特定的市场条件下，没有其他原因可能导致该行为的产生。这显然与法律传统的证据要求不符，因此法院对待协同性行为的态度并不如对待协议卡特尔那样明确和坚决，存在协同性行为这一事实本身很难成为说明法院认定该行为构成非法卡特尔的理由。

③ 美国法院在“全国职业工程师协会案”中指出：“有两类反托拉斯的分析：第一类是这样一类协议，其性质和必然效果是具有如此明显的反竞争特点以至于没有必要对相关行业进行精细的分析就可以认定其违法性，即它们是‘本身违法’的；对于第二类协议，其竞争性的效果需要经过分析相关企业的事实、限制的历史以及产生原因来认定。”

具有里程碑式意义的案例[①]中可以看出。在早期的州际影片轮映公司案和美国烟草公司案中，法院的观点是：构成违法合谋的必要条件并不一定要有正式的协议，如果厂商的价格行为具有平行特征和相似性，那么可以推断这些厂商违反了《谢尔曼法》第 2 条。但后来的影院厂商公司案却标志着法院对平行行为的态度有了方向性的转变：寡头市场中相互竞争所导致的独立的平行商业行为本身并不违反反托拉斯法，要构成非法行为，还必须在此基础上出示其他的共同商业行为，即合谋的促进措施。[②]

（二）欧盟

欧盟竞争法令的主要条款《罗马条约》第 85 条[③]第一款“禁止所有厂商间的协议，厂商联合决策，可能会影响成员国之间贸易的一致性活动，以及有目的或有结果地阻碍、限制或扭曲共同市场内部竞争的协议活动……”但与美国《谢尔曼法》不同的是，第 85 条第 3 款允许欧盟对第 1 款实行例外原则[④]，即豁免原则。

在欧盟委员会的政策决策中，将限制竞争的协议扩大到适用于厂商之间协调（Concertation）[⑤] 的行为方式，目的是防止厂商通过这种方式规避关于限制竞争协议的禁止性规定。厂商间的协调一致行为一直被看作对独立行为的偏离。平行价格行为作为对独立行为的偏离，可以作为一种起诉证据为法院所接受。

因此在早期的竞争政策中，在不需要存在明确协议的情况下，欧盟就会宣告一致性协调行动违法。这意味着欧盟对市场能否以社会可接受的方式自动消除垄断的能力持怀疑态度，它可能反映了这样一种信念：厂商会在竞争中精巧地设计协议的方式，使有关管制机构难以找到相关证据。然而欧洲竞

---

① 具体案例说明见附录。

② 值得注意的是，在第四部分的促进措施中，仅第一条，即有以文字形式存在的信息交流行为，才被判定是违法的。辅助性做法诉讼与价格卡特尔诉讼的不同之处在于：价格卡特尔诉讼要求证明协议的存在，而辅助性做法诉讼如依据《联邦贸易委员会法》起诉则不需要证明企业之间存在协议，只要证明这些做法或行为促进了企业价格协调即可；如果认定为违法，价格卡特尔诉讼中禁止的是企业之间的卡特尔协议，而辅助性做法诉讼则指向的是该做法或者行为。

③ 随着阿姆斯特丹条约在 1999 年 5 月 1 日生效之后，欧共体改名为欧盟，《罗马条约》的序号发生了变化，原来条约的第 85 条和第 86 条的规定现在被序列为第 81 条和第 82 条，但它们在内容上没有变化。为了说明问题的方便性，本书仍使用原序号。以下有关欧盟竞争法的文献，部分出自 S. 马丁在其“Industrial Economics”（Prentice—Hall Inc. 1994）一书中的有关摘录。下文不再注明。

④ 例外原则的协议应该具有非常明确的 4 个前提：一是能够改善商品的生产和销售，或有利于推动技术专题进步或者经济进步；二是消费者能够得到一定的好处；三是为了实现上述目的的限制是绝对必要的；四是限制竞争不得大到排除市场竞争的程度。

⑤ “Concertation”是欧盟创造的新术语，它的意思是为了达成协议而进行的交流和沟通活动。

争政策的最近发展趋势，与美国的情况一样，管制机构需要在超载平行定价之外寻找厂商在限制贸易时进行一致行动的证据。

欧洲审判法院（the European Court of Justice，ECJ）明确地认为，对协调行为的界定需要比市场相互作用更多的内容（例如，它需要一些厂商间有意图的交流），因此，ECJ 规定默契合谋是合法的（Neven 等，1998）。而且，ECJ 已认识到，使用市场数据、价格改变等数据去解释厂商行为比较困难。在 Wood Pulp[①] 案中，ECJ 指出：平行行为不能被当作提供协调行为的证据，除非协调行为是对这种行为唯一可接受的解释，这表明，ECJ 需要一些协调行为的实际证明，比如厂商见面的证明或交换信息的证明。

（三）日本

日本反垄断法第 3 款不仅禁止私人垄断而且禁止不合理的贸易限制。在第 2 条第 6 款中，后者被定义为：通过合同、协议或其他各种一致性行动，限制或行使了固定、维持或强化价格的商业活动，或限制生产、技术、产品、设备，或顾客或供应者，这些行为引起了对公共利益的违背，对任何特殊的贸易领域的竞争产生了实质性限制。为了认定一致性行动的存在，仅有厂商活动结果的外部一致性的存在并不足够，而是进一步需要能够推断协议存在的证据。

（四）中国

中国的《反不正当竞争法》没有关于价格卡特尔的一般性规定。《价格法》第 14 条第 1 项规定：经营者不得“相互串通，操纵市场价格，损害其他经营者或者消费者的合法权益”，可被视为对价格卡特尔的禁止性规定。如上海物价局认为“明牌银楼”等 13 家企业联手制定“基准价”的行为就属于价格卡特尔行为，因此对这 13 家厂商采取了惩罚措施。该处罚决定是新中国成立以来首例针对厂商的价格合谋实行行政处罚的案例。[②] 但对默契合谋，法律并没有涉及。

二、事前规制

对合谋的第二种规制手段是兼并规制，这是一种事前规制。兼并规制所关注的是：兼并可能会创造一些有利于合谋的条件，这些条件会增加厂商对合谋的预期。

---

① 参见附录中的案例说明。

② 参见周勤，《这样的卡特尔为什么难以维持》，《管理世界》，2002 年第 6 期。

在事后反垄断规制中，对产业过去历史分析可能帮助回答这个问题。在兼并控制中，这种情况就不同了。兼并控制机构必须事前衡量出产业将来的演进，过去的历史也许仅能提供有限的信息。兼并控制机构所关注的是：兼并是否会创造一种环境，在这种环境下合谋更加有可能发生，即，在合谋发生后，合谋是否更容易被维持。因为兼并经常影响市场环境。例如，合谋降低了竞争者的数量，这有利于合谋。但兼并使竞争者更加不对称，这将阻碍合谋。兼并对合谋的影响因此包括对可能的不同效应的分析。

兼并规制一般将默契合谋称为“集体占优”（Collective Dominance，在美国反垄断法中被称为 Joint Dominance）概念①所确定。它是指寡头厂商联合行动将价格维持在竞争价格水平上。这种联合行动（Co－Ordination）可以是默契进行的，不需要在“Smoke－Filled Rooms”中见面对将来的行为达成协议，只要厂商为了将来共同的利益学会“玩这场游戏”即可。尽管对集体联合没有一致的结论，但欧盟委员会认为以下因素有利于合谋②：

- 高市场集中度
- 稳定和对称的市场份额
- 相同的成本结构
- 产品差别程度

欧盟委员会认为合谋相对容易达成。例如，在 Gencor/Lonrho 案中，认为在紧寡头③行业中，因为厂商认识到它们的相互依存性，集体占优将产生。法院对此的描述是：寡头中相互关系的存在，加上适合的行业特性，尤其是市场集中度较高和产品差别程度较小，这些厂商能预见对手的行为，因此有很强的动力去联合他们的行动，特别是为了利润最大化而去限制产量和提高价格的行动。由此可见，法院把集体占优看作从特定的市场环境中产生的。

美国 1984 年的水平兼并指南在第二部分讨论了有利于达成协调行动条款的市场结构条件。反垄断机构在最初的调查阶段使用这部分指南。在这个阶段，他们确认容易产生合谋的市场，在深入调查是否从事合谋之前。这种观点被 1992 年的水平兼并指南所采纳。指南声称，产品的同质性也许会使达成协调行动的条款更容易被实施。

从以下分析，我们可以看出：在西方国家反垄断法体系中，从事后规制

---

① 这是一个法律概念，在经济学中没有相对应的词。

② 参见 Whish（2000）。

③ 关于紧寡头市场结构的标准目前尚有不少争论，一般认为当四厂商的集中率达到 60% 时，其市场结构就属于紧寡头市场结构。

上看，对公开合谋的态度是坚决地反对，但对于默契合谋的态度经历了一个由严格到无可奈何的过程。除非存在厂商见面的证明或交换信息的证明，法院对默契合谋的态度是默许的。但在事前规制上，法院将在批准兼并时将重点考察兼并后是否会引起默契合谋。

第二部分

理论研究

第二章　产品垂直差别化与合谋

产品差别化是产业组织理论涉及较多的论题之一，其中最核心的内容是水平差别化（Horizontal Differentiation，也称作横向差别化）和垂直差别化（Vertical Differentiation，也称作纵向差别化）的区别①。如果我们根据一组所期求的特征对一组商品进行分类，那么很自然地可将这组商品分为两类，第一类较多或全部具有这些特征；第二类较少或不具有这些特征。在这种条件下，存在选择自由的理性消费者都会选择第一类。这种情况就属于垂直差别化。这种所期待的特性一般指的是质量（Quality）。消费者关于质量的偏好次序是一致的，都认为较高的质量是更好的。与此不同的是，水平差别化指的是同一类商品更多地具有某些特征，同时又缺乏某些其他特征的一种情况。这时，可以进行自由选择但具有不同偏好的消费者一般会做出不同的选择。例如，假如面临这样的选择机会，在两台计算机中除了一台的内存是另一台的两倍外，其他方面毫无差别。这种情况谁都清楚应该如何选择。那么，这种情况就属于产品的垂直差别化。但当面临着下面两种组合时，比如质量相对较差的打印机与彩色显示器为一种组合，另一种是质量较好的打印机与单色显示器为一种组合，这时不同的消费者就可能各有所选，这种情况就属于水平差别化。

在现实生活中，很多行业同时存在产品水平差别化和产品垂直差别化，如轿车市场便是一个很好的例子②。但如果同时对这两种产品差别化进行分析，将是十分困难的。而且，对很多行业而言，一种产品差别化也许比另一种产品化要重要一些。例如，对轿车行业而言，产品垂直差别化也许会重要一些。因此，本书将单独分析这两种产品差别化对合谋的影响。

如第一章所述，产品差别化是影响合谋稳定性的一个重要因素，一个标准结论是合谋很少在存在产品差别的行业发生，即产品差别化不利于合谋的

---

① 参见〔英〕J. 卡布尔，《产业经济学前沿问题研究》（中译本），北京：中国税务出版社，北京腾图电子出版社，2000 年，第 130 ~ 131 页。

② 参见〔德〕方伟翰，哈拉德·维泽，《市场竞争中的企业策略：博弈分析论》，上海：上海社会科学院出版社，2000。

发生和稳定。本书的目的是想在重复博弈理论模型的基础上，对这一问题进行更详细和全面的分析。本章首先考察垂直差别化对合谋稳定性的影响，下一章考察水平差别化对合谋稳定性的影响。

本书对 Häckner（1994）的研究做了如下拓展：使用 Mussa – Rosen（1978）的双寡头模型，在这个模型中，厂商仅生产单一品种，可变成本是质量的二次凸函数而固定成本为外生给定的，得出了与 Häckner 相反的结论：产品垂直差别水平的降低将使合谋难以维持，即产品垂直差别程度与合谋稳定性成正比。

第一节　文献综述

传统产业组织理论从经验和直觉出发，得出产品差别化阻碍合谋稳定性的结论。

例如，张伯伦（Chamberlin，1929）指出，当数目较少、产品同质（即产品差别化程度较低）时，有利于合谋。贝恩（Bain，1968）强调了市场结构与厂商行为关系的复杂性：“市场结构的主要因素是卖者集中度、进入条件、产品差别程度。厂商行为方式主要是完全合谋（complete collusion）、多种形式的非完全合谋（incomplete collusion of several varieties）和没有合谋的独立行动（interdependent action without collusion）。一般而言，几乎所有的厂商行为理论上是与市场结构联系在一起的。例如，厂商与竞争对手是否在价格和产量上进行竞争或合谋取决于这个厂商产品所在的市场结构的各个方面。如竞争对手数、产品差别化程度等。因此，对市场结构与随之发生的厂商行为关系的研究从来就是一个重要的问题。”

从合谋协议是否容易达成的角度出发，Posner（1976）和 Stigler（1987）也认为在同质产品市场上，合谋协议容易达成。Scherer 和 Ross（1990）发展了这个观点，认为：随着产品的差别程度增加，厂商在进行合谋时需要考虑的维数增加，“例如，生产同质产品的仅仅只要在一种价格上进行协调，而生产差别产品的却要在一系列价格上进行协调，因此，默契合谋的可能性会随着产品差别化程度减少而增加。”Carlton 和 Porloff（1998）认为如果每家的产品都具有不同的质量或性能，他们在相对价格上达成协议会更为困难。一旦产品有所改进，就必须制订一个新的相对价格。

从欺骗行为是否容易被发现的角度出发，Clarke（1985）认为，在复杂的环境下，厂商很难监视和追踪其竞争对手的价格政策。他所说的复杂环境，指的就是产品差别程度较大时。Carlton 和 Porloff（1998）认为如果必须加以检查的只是一个单一的价格，卡待尔会较为容易地察觉欺骗行为。要查明通过提高质量进行的削价是比较困难的；一家如想增加销售又不公然违反定价协议，它可以提高产品质量但保持价格不变。

尽管这种传统研究所得的结论得到了一些经验研究①的支持，而且其观点也被许多国家的反垄断机构所采纳，但存在以下两个问题：第一，这种传统理论并没有试图分清水平差别化和垂直差别化对合谋影响的区别与联系；第二，这种传统理论没有提供一个统一的框架来分析。这种传统的观点尽管在直觉上是令人注目的，但是，对这个观点建立一个分析性的正确的解释是困难的。例如，产品差别化可能导致相关的产品属性空间变得非常大，所以在合谋时不能提前详细说明，因此，会导致合谋和随后实施措施的困难。但这种观点很难放在标准的产品差别化模型中去分析，因为在这些模型中，产品通常对称地定位在相对简单的产品特征空间。在这里，很难看出在哪种意义上产品差别化会导致增加的复杂性。

因此，这个传统观点正在被以重复博弈模型为基础的合谋理论所挑战，这个博弈模型一般对水平差别化和垂直差别化进行了区分（Deneckere，1983；Martin，1989；Wernerfelt，1989；Chang，1991；Ross，1992），但即使是对同一种差别化对合谋稳定性的影响的分析，所得的结论并不一致，有时甚至是相反的。

关于产品垂直差别化对合谋稳定性的研究，是从 Häckner 开始的。他在 1994 年使用了 Sharked 和 Sutton（1982）的垂直差别化双寡头价格模型②分析了垂直差别化对合谋稳定性的影响。他的结论是：产品垂直差别程度与合谋稳定性成负相关关系，即在产品垂直差别程度越小的市场上，价格合谋容易维持。这是因为，生产高质量产品的厂商的背叛动机总是很强的。当产品的垂直差别程度很大时，生产高质量产品的厂商在不进行合谋时也能获得高额

---

① 如 Dick（1996）分析了影响基本 1920—1965 年出口卡特尔的因素。他发现产品差别化阻碍了协议的形成。Hay 和 Kelley（1974）通过对被反垄断当局审查的合谋案例的分析，发现这些厂商所销售的产品大部分是主观上同质的。Levenstein 和 Suslow（2002）发现价格固定行为经常发生在生产同质产品的市场上。Asch 和 Seneca（1976）发现合谋大多发生在生产品市场上，从而间接地证明了合谋容易发生在生产同质产品的厂商间。Jacquemin、Nambu 和 Dewez（1981）发现销售同质产品的卡特尔比销售差别产品的卡特尔延续的时间更长一些。

② 在这个模型中，质量差别能被客观地排序，但收入分布决定了一个静态模型中差别化产品的质量层次的均衡数量，即高收入的人偏好昂贵的高质量产品，而低收入的人偏好便宜的低质量产品。也可参见 Gabszewicz 和 Thisse，（1979，1980，1982）。

利润，因此进行合谋的动力不强。而垂直差别化程度的降低将使生产高质量产品的厂商的质量优势降低，那么生产高质量产品的厂商进行合谋的动力就增加了。因此，产品垂直差别程度的降低使合谋容易维持。

Symeonidis（1999）使用Sutton（1997）模型将厂商数目从2个放松到N个，得出了与Häckner相同的结论。他认为质量的提高主要来自一个固定成本，即在广告上的投资或R&D上的投资。他的结论是：厂商在广告或R&D上的投入增加了产品的质量或消费者所感觉的质量（Perceived Quality），这样就扩大了厂商间质量的差距，即产品垂直差别程度。随着产品垂直差别程度的增加，低质量的厂商不可能与高质量厂商进行合谋。所以，合谋很少发生在广告密集或R&D密集的产业。他用英国制造业在20世纪50年代中期①的数据对这一结论进行了检验。

第二节　重复博弈模型

如第一章所述，如果合谋能被维持的话，需要式（1.4）成立。

很明显，所有的支付都会受到产品差别程度的影响。当产品存在差别的时候，产品差别程度对厂商合谋的能力有两种相反的效应。一种是随着产品同质性的增加，厂商从合谋中的所得将增加。这是因为，产品越相同，价格竞争越激烈。第二种效应是，随着产品同质性的增加，厂商从一次背叛中的所得就越大。背叛者仅需轻微的降价，就能得到全部的市场，这类似于伯川德竞争。如果假定背叛能立刻被发觉，随之而来的将是降价报复。因此，合谋的稳定性取决于两种效应的比较和权衡。因此，由式（1.4）可以推出函数式γ（η），在这里η表示产品的差别程度。即：

$$\delta \geqslant \delta^{*}(\eta) \equiv \frac{\pi^{d}(\eta) - \pi^{c}(\eta)}{\pi^{d}(\eta) - \pi^{n}(\eta)} \tag{2.1}$$

由式（2.1）可看出：当存在产品差别化时，它对合谋的稳定性将产生相反方向的影响。一方面，产品差别化所引起的市场细分使得背叛利润减少，此时背叛者不能通过微小的价格降低占领整个市场，也就是说，产品差别化使得式（2.1）的分母变小；另一方面，产品差别使得Bertrand－Nash惩罚不再严厉，此时，Nash均衡使得所有厂商都获得正利润。惩罚力度的减小使得式（2.1）的分子变小。这两个作用哪个占主导，取决于利润的相对数量以及

① 这一时期，限制性协议在英国是合法的，尽管在法律上不是可强制实施的。

产品差别增加时这些利润如何变化。

博弈顺序如下：时间范围为无限期。首先，厂商在时期 τ 合作地[①]选择产品的设计[②]，厂商在 $\tau+1$ 期决定在价格上竞争或合谋。如果厂商在时期 $\tau+1$ 发生价格背叛行为，那么在以后各期永远进行纳什均衡的价格和设计。

第三节　产品垂直差别模型

我们考虑这样一个产品垂直差别市场。连续的消费者，类型由 θ 确定，均匀地分布在［a，b］，$a=b-1$，$b\geqslant 5/4$[③]。参数 θ 代表消费对质量的边际支付意愿。假定消费者为了使以下间接效用函数最大化购买一单位垂直差别的产品：

$$U=\theta q-p \tag{2.2}$$

在此 q 代表产品质量，p 代表市场价格。假设市场被全部覆盖。[④]

生产技术包括：可变成本是质量的二次函数而且是数量的一次函数。与产品的开发相关的沉淀成本 k。相应的成本函数定义如下：

$$C=tq^2x+k,t>0 \tag{2.3}$$

x 代表产量水平。同时我们假定 k 足够小使厂商能获得正利润。

假设市场仅仅提供两种质量（高质量和低质量，$q_h>q_l$）。因此，如果对质量的边际支付意愿为 θ_i 的消费者对两种质量产品无差别，则可得：

$$\theta_i=\frac{p_h-p_l}{q_h-q_l} \tag{2.4}$$

所以对两种质量产品的需求为：

$$x_h=b-\theta_i \tag{2.5}$$

$$x_l=\theta_i-a \tag{2.6}$$

---

① 之所以这样假定是因为设计选择可以解释为厂商的长期承诺，因此很难在产品设计上达成合谋。

② 两厂商的产品设计的差别将导致产品的垂直差别或水平差别。

③ 这个假定可保证双寡头均衡的存在，参见 Cremer 和 Thisse（1994）。

④ 如果我们假定具有家长式作风的公共机构规定所有厂商必须提供普遍服务，则市场将全部被覆盖。而这在现实中是可信的。详细可参见 Mussa 和 Rosen（1978），Itoh（1983）。

第四节　定价策略

一、联合利润最大化时的价格

联合利润最大化时的价格是指受到约束的垄断价格。它通过相对于一个统一的价格最大化两厂商的联合利润而得到（即相当于完全垄断厂商既生产高质量又生产低质量的产品），而没有考虑这个价格是否可以维持的问题。垄断厂商将最大化其利润：

$$\max \pi^c = (p_h - tq_h^2)x_h + (p_h - tq_h^2)x_l \tag{2.7}$$

该厂商选择价格最大化其利润，在所有消费者都被服务的假设下。因此，垄断价格为（参见 Mussa 和 Rosen，1978；Itoh，1983）：

$$p_h^c = \frac{(bq_h - 2q_l + bq_l + tq_h^2 - tq_l^2)}{2} \tag{2.8}$$

$$p_l^c = (b-1)q_l \tag{2.9}$$

垄断利润为：

$$\pi^c = \frac{4b^2 - 8b + 5}{16t} \tag{2.10}$$

质量为：

$$q_h^c = \frac{2b-1}{4t} \tag{2.11}$$

$$q_l^c = \frac{2b-3}{4t} \tag{2.12}$$

二、一期纳什均衡价格

一期基本博弈的纳什均衡价格也是惩罚价格。在给定设计和其对手价格的情况下，每个厂商最大化其利润。

我们首先考虑厂商仅提供一种质量的双寡头市场。竞争发生在两阶段。第一阶段，厂商选择质量；第二阶段，他们在价格上竞争。我们使用后续归纳法来解子博弈均衡。

最大化厂商 i 的利润函数①：

$$\max \pi_i = (p_i - tq_i^2)x_i \quad i = h, l \tag{2.13}$$

① 为简化推导，我们不考虑厂商利润总的固定成本 k。

反应函数为：

$$\frac{\partial \pi_h}{\partial p_h}=\frac{p_l-2p_h+bq_h-bq_l+tq_h^2}{q_h-q_l} \tag{2.14}$$

$$\frac{\partial \pi_l}{\partial p_l}=\frac{p_h-2p_l+q_h-bq_h-q_l+bq_l+tq_l^2}{q_h-q_l} \tag{2.15}$$

接着，相应的均衡价格为：

$$p_h^n=\frac{q_h+bq_h-q_l-bq_l+2tq_h^2+tq_l^2}{3} \tag{2.16}$$

$$p_l^n=\frac{2q_h-bq_h-2q_l-bq_l+tq_h^2+2tq_l^2}{3} \tag{2.17}$$

替代厂商利润函数中的均衡价格，我们得到下列的质量均衡水平：

$$q_h^n=\frac{4b+1}{8t} \tag{2.18}$$

$$q_l^n=\frac{4b-5}{8t} \tag{2.19}$$

值得注意的是，随着 b 的增加，两种产品的质量差距越来越小。因此，可以用 b 代表垂直差别程度。

因为双寡头是对称的，需求都等于1/2，因此相应的利润为：①

$$\pi_i^n=\frac{3}{16t}\quad i=h,l \tag{2.20}$$

三、背叛价格

因为垄断价格不是一期的均衡价格，所以，偏离合谋价格是有利可图的。这存在两种可能的背叛策略，不管使用什么策略，某厂商都能通过降低价格，通过获得竞争对手的消费者而获利。

因为合谋而产生的总利润为 $\pi^c=(8b^2-16b+9)/32t$。给定模型的对称性，$\pi_i^c=\Pi^c/2$。在式（2.7）、式（2.8）、式（2.11）、式（2.12）的基础上，低质量厂商和高质量厂商因背叛而产生的价格为：

$$p_h^d=\frac{48b^2-16b+41}{128t} \tag{2.21}$$

$$p_l^d=\frac{48b^2-112b+101}{128t} \tag{2.22}$$

低质量厂商和高质量厂商因背叛而获得的利润为：

---

① 参见 Cremer 和 Thisse（1994）。

$$\pi_l^d = \frac{(16b^2 - 32b + 51)^2}{12288t} \tag{2.23}$$

$$\pi_h^d = \frac{(16b^2 - 32b + 39)^2}{12288t} \tag{2.24}$$

第五节 贴现因子限制

已经推导出了垄断利润，背叛利润和惩罚利润，在本部分，本书将推导出维持垄断定价所需要的最小贴现因子的表达式。

在改变产品设计非常昂贵的情况下，即差别程度被看作是外生变量时，其相关的问题是：何种情况下最容易维持市场垄断价格，是当产品存在差别时，还是当产品相同时。

定理2.1：当 $b \in [2.6196, \infty]$，δ_i^* 随着 b 递增并在 b 上凹。

证明：见附录。

表2-1 产品垂直差别化与最小贴现因子限制

b	$\delta_l^*(b)$	$\delta_h^*(b)$
2.61962	0.470462	0.000002
3.0000	0.462185	0.234188
4.0000	0.606147	0.542232
5.0000	0.727303	0.702609
6.0000	0.805865	0.794548
8.0000	0.890566	0.887276
10.0000	0.930873	0.929607

如表2-1和图2-1所示，随着 b 的增加，背叛变得越来越有利可图，因为背叛收益比其他收益增加的速度更快，最小贴现因子也增加。显然地，因为 $\delta^* \in [0, 1]$，因此它必须以递减的速度增加。最小贴现因子限制是约束高质量厂商的。因为 $\delta_h^*(b)$ 是约束限制，当 $b \in [2.6196, \infty]$ 时，它在 b 上以递减的速度递增，它表明随着产品差别程度的增加，合谋越来越容易维持，即产品差别程度的减少会导致合谋更加困难，从而容易发生价格战。

事实是，从直觉上看，随着消费者变得富有，消费者购买意愿的增加，对消费者而言，产品差别化程度变小，背叛变得更有利可图，因此，合谋变得难以维持。

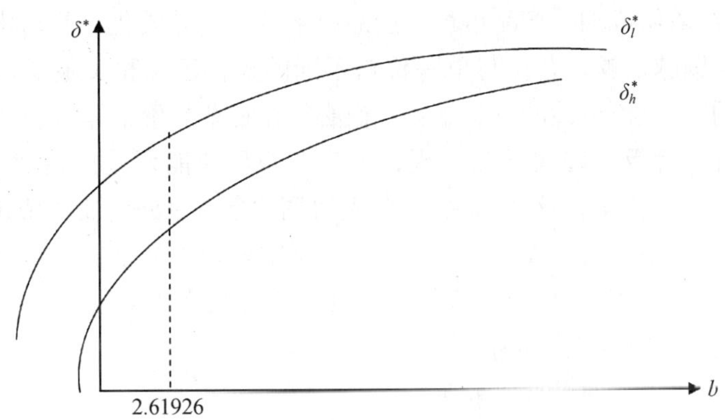

图 2－1　产品垂直差别化与最小贴现因子限制

第六节　结论及政策含义

一、结论

本书的研究表明：如果消费者足够富有，即消费者对产品质量的边际支付意愿足够高，那么，随着收入的增加，产品垂直差别水平的降低将使合谋难以维持，即产品垂直差别程度与合谋稳定性成正比。

因为本书的结果对质量概念高度敏感，除非产品仅仅在一维产品空间存在着差别化时（水平或垂直），否则不能得出明确的结论。如果产品在多维产品空间上存在着差别化，本书似乎不能给出任何帮助。

在本书的基础上，可以做出如下扩展：第一，因为结果是以特定的合谋形式为条件的，即联合利润最大化，其他结果也可能有效。例如，在一个更广泛的同盟概念下推导这种关系也许更具有挑战性。第二，将产品垂直差别程度内生化，这也许会改变本书的结论。

二、政策含义

（一）兼并政策

研究产品差别化与合谋稳定性的一个主要目的是因为产品差别程度是一个容易观察的变量，任何产品差别程度与合谋稳定性间的关系对反垄断当局是有用的（Halliday 和 Seabright，2001）。在兼并审查中，加拿大和美国反垄断当局将差别程度作为兼并后合谋可能发生的指征。如 1984 年的美国兼并指南指出："随着组成相关产品市场的产品越来越多，异质化、差别化……卡特尔面对的问题越来越复杂。与单一价格不同的是，建立和实施复杂的价格计划是困难的。"这段论述的意思是：厂商必须在复杂的价格体系和产品质量上协调。而且，背叛也许很难被发现，因为背叛厂商能调整价格和产品属性。1992 年的兼并指南重复这些结论："达到协调的条款也许会被产品异质性所限制或阻止。"本书的研究表明，如果产品差别主要表现为垂直差别化，那么产品的差别程度增加将有利于合谋的稳定性，兼并指南中对同质产品市场上合谋容易发生的判断就值得商榷了。

（二）产品最小质量标准政策

在一些行业中，最小质量标准（Minimum Quality Standards，MQS）的使用已日益普通。在这些行业中，消费者愿意为更高的质量付更高的价格。最小质量标准的推行旨在通过降低价格/质量比率来提高社会福利，有助于生产厂商保障和提高产品质量，保障消费者的基本安全健康。例如轿车市场所推行的气囊和 ABS 就是最小质量标准被普遍采用的例子。但是，在一些情形下，最小质量标准也有可能被行业协会用来维持一种低水准的质量规格，减少和限制产品的竞争，例如 Sultan（1974）在对美国电业的研究中指出：在 19 世纪 20 年代期间，行业协会努力标准化大多数产品设计的目的就是为了通过增加降价行为的可见度去减少价格战。因此，运用最小质量标准来限制质量竞争也便成为反垄断法的规制对象。本书的研究表明，质量标准的实施将缩小产品差别程度，使得合谋难以维系而爆发价格战。因此，行业协会在对寡头市场上厂商进行质量规制时，应考虑它对厂商竞争行为的间接效应。

（三）厂商策略性行为

对厂商而言，它阐明了各种经营决策变量和利润的关系。比如，对产品设计和质量的经营决策影响产品差别的程度，而这影响到产品市场的竞争和由此而来的利润。企业可通过技术创新扩大产品差别程度，从而有意识地避免价格竞争所带来的产业冲突问题，这也许是避免价格战的正确策略。企业应以核心技术开发为支撑，不断推出新产品或高档产品，以产品的更新换代来转移消费者对价格的注意力。企业可加大对核心关键技术的研发，在技术能力高度化的基础上，以垂直差别化为手段，不断通过推出高档次的新产品，在消费者心中形成档次高低不同的产品序列，刺激消费者对更高质量产品的追求。生产企业通过自己的研发活动，提升自己的技术能力，避开同步引进技术的简单技术跟随战略，推出功能更新、性能更好的产品，促进产品档次序列的形成，使企业对恶性价格战的"防火墙"更加坚固、厚实。

第三章 产品水平差别化与合谋

第二章讨论了垂直差别化与合谋稳定性的关系问题。本章将讨论产品水平差别化对合谋稳定性的影响。

本章所选用的产品水平差别模型是由 Hotelling（1929）提出，经 d'Aspremont 等（1979）改造后的水平差别模型。产品水平差别意味着不同的消费者对价格相同的同类商品的偏好或排序不同。因此，在这个模型中，产品垂直差别（即质量差距）不大，本章认为几乎等于 0。一般来说，在许多市场上产品都具有水平差别。本章根据产品重新设计成本的大小将这些产品分为两类：一类是重新设计成本较低的产品。如软饮料、新闻节目、杂志等产品，对这些产品进行重新设计的成本较低，几乎为 0。如，只需改变比如航班的出发时间，有线电视播出节目的顺序，或改变饮料的甜度，就是对这种产品的重新设计。因此，对这类产品，本书将产品差别程度看作是内生的。另一类是重新设计成本非常高的产品，如住宅、超市、加油站等产品。这类产品，一旦选址建成，再变更地址是非常困难或几乎是不可能的。在这里，产品差别主要体现在选址上的不同。因此，可以将产品差别程度看作是外生给定的。

通过分析，本章得出如下结论：当产品重新设计成本较高时，即当产品差别程度是外生变量时，在产品差别程度较高的市场上，联合利润最大化时的合谋容易维持。如果联合利润最大化时的合谋不容易维持，降低价格将使厂商能够成功地合谋。而且，产品差别程度越低，合谋价格也就越低。当产品重新设计成本较低时，即当产品差别化是内生变量时，如果贴现因子较高，那么厂商将选择中等程度的产品差别，因为此时最有可能获得最大化联合利润。如果贴现因子较低，厂商为了维持合谋，将增加产品差别程度。除非贴现因子非常低，否则合谋价格将是不受限制的垄断价格。

本书的结论表明：在基于 Hotelling 模型的重复价格博弈中，产品差别化会缓和竞争并有利于合谋，即产品差别程度与合谋稳定性是正相关的。

第一节 文献综述

在重复博弈理论框架下讨论水平差别化对合谋稳定性影响的文献，主要可以分为两类：一类是建立在Chamberlin的代表性消费者模型基础上的（Deneckere，1983；Majerus，1988；Martin，1989；Wernerfelt，1989；Ross，1992）。另一类是建立在以Hotelling模型为基础的空间竞争模型基础上的（Chang，1991，1992；Häckner，1996）。

一、产品水平差别化模型

在Chamberlin的代表性消费者模型中，一个“代表性消费者”购买市场上的每个差别化的产品。因此，每个消费者同时考虑所有产品的价格，每个厂商的利润平等地取决于每个其他厂商产品的价格，如同在同质产品市场上一样，一个给定的厂商与其他厂商平等地竞争。因此，代表性消费者模型所依赖的特殊假定是：每个厂商产品的品牌与其他品牌间的竞争是平等的，即每个品牌间的竞争是对称的。

然而，产品差别化的影响也许会因厂商与一些对手比另一些对手更加直接地而不同。Hotelling模型和基于其模型基础上的其他空间竞争模型中都具备这样的特点。在这类模型中，竞争是高度不对称的或本地化的：产品的位置越近[①]，产品的替代性越强。因此，根据这类模型，可以分析重叠的寡头分布和局部的市场力量，市场上存在着“相近效应”（Neighbor Effects），存在“小生境”（Niches，即产品或服务所需的特殊领域）。[②]

产品水平差别化最简单的模型——“线性城市（linear city）”模型是由Hotelling（1929）最早提出的，其具体内容是：两厂商A和B，在长度为1的直线上销售同质产品。消费者沿此直线均匀分布。生产的边际成本和固定成本均为0。消费者从处购买产品需要支付运输成本c（$c>0$）。运输成本为线性。厂商首先在直线上同时选择位置，然后同时选择价格。因此如果位于x处消费者从位于y的厂商处的以价格p购买了该的产品，该消费者将获得如下效用函数：$U=R-p-c|x-y|$。这里假定市场被完全覆盖，因为保留价格

① 位置差别的假设既可以按字面意思理解为地理距离远近，也可以理解为产品特征的差别，例如Hotelling曾经提到苹果汁的多种多样，有的更甜一些。

② 在营销和企业策略文献中强调“市场小生境”和分割市场表明许多市场有这样的性质。参见M. Porter（1980），Competitive Strategy on market segmenting stragegies。

（reservation prices）R 足够高。还假定每个消费者（每个时期）购买一个单位产品，产品需求完全无弹性。以上保证消费者将从交货价格最低的处购买。在这个模型中，位置差别的假设既可以按字面意思理解为距离远近，也可以理解为产品特征的差别，例如 Hotelling 曾经提到苹果汁多种多样，有的更甜一些。

不管是 Hotelling 模型还是基于上 Hotelling 模型基础上的其他模型，都允许出现不同程度的产品差别化。产品的位置越近，产品的替代性越强。因此，在这类模型中，我们得到了重叠的寡头分布和局部的市场力量，市场上存在着“相近效应”（neighbor effects）能在线上找到“小生境”（niches，即产品或服务所需的特殊领域）。而研究水平差别的另一类模型，Chamberlin 模型假定所有产品与另一种产品平等地竞争①。因此，从这方面来说，Hotelling 模型更加贴近实际一些。

Hotelling 的分析在很多方面都走在了时代的前面。他实际上用的是 Selten（1975）的序贯或精炼均衡解（sequential or perfect equilibrium solution）概念。然而，后来者对该模型的假定条件、逻辑一致性等问题一直都持批评态度。

就其前提假定而言，如果将 Hotelling 模型中的数从 2 个增加到 3 个，结果会十分混乱。这是由于 Hotelling 模型隐含着重新选址极其容易的假定，当其与有限的市场结合在一起时，就会导致“蛙跳式”行为。Salop（1979）假定，偏好可以通过圆圈形分布加以展示，从而使任何厂商都不能占据“内陆”，这样直线“端点”（如 3 个厂商的 Hotelling 模型）所引起的问题就不再存在。如果再假定，既可以自由重新定位，又可以自由进入，那么均衡将与零利润共存，而且自然会得到对称结果。但 Salop 关于重新定位不发生成本的假设，只能适合于某些情况（详见第三章），在有些情况下，这个假定都是不现实的。更适当的处理方法是把产品定位视为长期战略决策（它涉及数额较大的沉没成本），而把选择价格视为随后的，相对短期的决策。因此，这个假设在本质上就是假设把婴儿和洗澡水一起倒掉。当重新定位被看作是代价高昂的时候，才不会有实施战略性进入阻止行为的机会出现。（Martin，1993）。

就其逻辑一致性而言，已被证明标准的 Hotelling 并不存在价格均衡（d’Aspremont，Jaskold Gabszewica 和 Thisse，1979）。这是因为模型中的价格具有这样的特点：在其他厂商继续经营的前提下，没有一家厂商能够通过单

---

① 参见 Chamberlin（1933）。

独地偏离它而获准。然而通过降价，某家厂商就有可能将其他厂商驱赶出局，从而占据整个市场，这不产生了不稳定性。而且，由于 Hotelling 的定位决策与价格决策一样容易变化，因此很难就他的序贯解方面是否适当做出结论。因此，“最小差别原理”，即有集聚的趋势，“消费者面对的都是惊人的相似”的结论并不能成立。

对此缺陷，d'Aspremont、Jaskold Gabszewica 和 Thisse（1979）修改了 Hotelling 模型通过引入二次运输成本，因此如果位于 x 处消费者从位于 y 处的以价格 p 购买了该的产品，该消费者有如下效用函数：$U=R-p-c\ (x-y)^2$。这样修改的好处在于：第一，运输成本用平方的形式表示可能更适用于产品差别化的情况，因为这意味着当消费者偏离自己最偏好的产品时，效用会加速减少；第二，二次运输成本模型使需求函数和利润函数都有很好的定义（连续的和凹性的）。运用与 Hotelling 相同的方法，他们得出了相反的结论：为了减少价格竞争，将定位于市场的端点，使其差别最大化，即最大差别化原则（The Principle of Maximal Differentiation）。Tirole（1988）注意到两种不同的效应同时影响着的定位选择。需求效应（The Demand Effect）使朝着竞争对手移动试图增加其市场份额。策略效应（The Strategic Effect）使尽可能地差别化其产品去缓解价格竞争并因此而提高均衡价格。价格竞争因此而得到缓解，通过远离对方。各自建立起相当高程度的当地垄断力量，即他们在创造“小生境”。离对方越远，通过降低价格所获得的市场份额就越低（因为运输成本是二次的），因此在对手给定的价格下降价的动力就越低。因此当相距较远时，均衡价格就高一些。因此，在运输成本为二次时，策略效应会超过需求效应，而占主导地位。①

二、产品水平差别化对合谋稳定性的影响

Deneckere（1983）在双寡头重复博弈模型中首次使用代表性消费者模型对产品差别程度与合谋的稳定性进行了研究，他得出：在伯川德超级博弈中，产品差别程度与合谋稳定性是一种非单调的关系。当产品差别程度非常大或产品差别程度非常小（甚至产品完全同质）时，合谋较为稳定。而当产品处于中等差别时，合谋反而不稳定。Ross（1992）在他研究的基础上，计算了合谋对社会福利的影响，他发现，差别程度越大的合谋对社会福利的损害越

① 鉴于以上原因，在下文关于水平差别化对合谋影响的研究中，作者选用的是经 d'Aspremont、Jaskold Gabszewica 和 Thisse（1979）修改的 Hotelling 模型。

小[①]。Majerus（1988）、Martin（1989）和 Wernerfelt（1989）将 Denechere 模型从双寡头情况扩展到多寡头情况，得出如下结论：当产品差别程度较低，不管在市场中有多少家，一家稍微降价便能得到全部市场，因此，背叛合谋的动力很强。同时，因为背叛而得到的惩罚随着市场上数量的增加而缓慢增加，因此，合谋难以维持。

Chang（1991）使用二次运输成本的 Hotelling 模型分析了当产品差别程度为外生变量时对合谋稳定性的影响。与 Denechere 结论不同的是，他发现产品差别程度与合谋稳定度是单调递增的。即合谋的稳定性随着产品差别程度的增加而增加。即产品差别程度越小，价格合谋越难维持，而产品差别程度越大，不受限制的联合利润最大化容易取得。Häckner（1996）使用最优惩罚机制对他的结论进行了检验，证明 Chang 的结论是稳健的。

Chang（1992）继续研究了当产品差别程度为内生变量时对合谋稳定性的影响。他假设在惩罚阶段时厂商能够重新设计产品，因此厂商需要支付一笔固定的重新设计成本。于是，重新设计成本越高，越难产生一致的设计，越容易实现不受限制的联合利润最大化。即重新设计成本的大小与合谋稳定性成正比。他的结论是具有启发性的，但他的研究没有指出产品设计的最优选择问题。即他没有解释产品差别是如何内生化的。原因可能如下：第一，他没有讨论厂商开始合谋时，是否考虑值得去进行产品设计的修改，而把厂商进行产品设计的修改看作是给定的。第二，他将不受限制的联合利润最大化看作是给定的，而没有确定获得不受限制的最大联合利润对厂商而言是否总是最优的。因为，联合利润最大化时的价格可能是设计选择的函数。例如，如果在某些设计上获得联合利润最大化，而在另一些设计上不能获得这种利润，但厂商仍有可能在后者时索取较高的价格。基于以上考虑，本章在 Chang 研究的基础上，继续对产品差别程度的最优选择问题展开研究。与 Chang 的研究不同之处在于，本书假定在各期重新设计的成本是可忽略的。最初的设计因此将不影响价格合谋的最优均衡。

第二节　水平差别模型

博弈顺序如下：时间范围为无限期。首先，厂商在时期 τ 合作地[②]选择产

① 这个结论的得出，也许和代表性消费者模型的假定有关。

② 之所以这样假定是因为设计选择可以解释为厂商的长期承诺，因此很难在产品设计上达成合谋。

品的设计①，厂商在 $\tau+1$ 期决定在价格上竞争或合谋。如果厂商在时期 $\tau+1$ 发生价格背叛行为，那么在以后各期永远进行纳什均衡的价格和设计。

需要特别指出的是，在 Hotelling 模型中，为了实现合作利润最大化时的价格，厂商需要了解消费者的保留价格，运输或负效用成本，产品空间中所有产品的定位，厂商的生产成本。然而，索取非合作或纳什均衡价格要求厂商掌握的信息是相同的。在同质品市场，厂商必须知道为了实现联合利润最大化时的价格的市场需求和成本。在这里，我们不考虑信息要求，假设是在完全信息的假设下考虑这一问题。而在第四章和第五章放松这一假设。

假定消费者沿着一条长度为 1 的直线均匀分布，两厂商在这个一维产品空间生产产品 a_1 和 $1-a_2$。每个时期，每个消费者至多购买一个单位产品（除了在产品空间的定位外，产品的其他特征是相同的）。

偏好参数为 $x\in[0,\ 1]$ 的消费者的效用函数为：

$$U(x)=\begin{cases} s-t(x-a_1)^2-p_1, \text{如果从厂商 1 处购买} \\ s-t(1-a_2-x)^2-p_2, \text{如果从厂商 2 处购买} \\ 0, \text{其他} \end{cases} \tag{3.1}$$

在这里，x 代表着一个消费者最偏好的产品。参数 s 代表一个有限的保留价格（Reservation Prices），即当产品价格超过 s 时，消费者不会购买。t 乘以距离的平方代表负效用成本。p_1 和 p_2 代表厂商索取的价格。如果消费者不从厂商 1 处或厂商 2 处购买，将获得零效用。

如果 x^* 代表着消费者在 a_1 和 $1-a_2$ 中无差别，那么 x^* 可由下式给出：

$$s-t(x^*-a_1)^2-p_1=s-t(1-a_2-x^*)^2-p_2$$

解出 x^*。根据假设，需求函数 D_i 由 x^* 和 $1-x^*$ 给出：

$$D_i=\frac{1-a_j+a_i}{2}+\frac{p_j-p_i}{2t(1-a_i-a_j)}$$

因此厂商 i 的利润函数为：

$$\pi_i=p_i\left[\frac{1-a_j+a_i}{2}+\frac{p_j-p_i}{2t(1-a_i-a_j)}\right] \tag{3.2}$$

第三节　定价策略

在这部分，我们将分别计算出联合利润最大化时的价格、一期纳什均衡

① 两厂商的产品设计的差别将导致产品的垂直差别或水平差别。

价格（即惩罚价格）和最优背叛价格。

假定1：$s \geqslant 5t/4$。

这个不等式保证在一期的纳什均衡和垄断定价中，所有消费者有严格为正的需求。因此，不需要考虑部分市场覆盖的问题。[①]

而且，假定博弈是对称的。

假定2：设计是对称的，所以 $a_1 = a_2 = a$。

因此，当 $a=0$ 时，产品差别程度最大，为两种不同的产品。当 $a=1/2$ 时，产品差别程度最小，为同质产品。

一、联合利润最大化时的价格

联合利润最大化时的价格是没有受到约束的垄断价格或受到约束的垄断价格。它通过相对于一个统一的价格最大化两厂商的联合利润而得到，而没有考虑这个价格是否可以维持的问题。在下面分析中，本书将考虑当垄断价格不能维持时的最优合谋价格，这些价格被称作受约束的垄断价格。

在此之前，本书并不清楚在联合利润最大化时，全部覆盖市场是否是厂商最优的选择。但从直观上看，保留价格越高，覆盖整个市场越有利可图。前面已经给出了假定1能保证市场被完全覆盖。

引理3.1：联合利润最大化意味着市场被完全覆盖。

证明：见附录。

如果 $a \leqslant 1/4$，则厂商的产品在产品空间上接近于端点，通过提高价格，能最大化利润直至偏好 $x=1/2$ 时的消费者在买与不买中无差别。索取低价格不能增加额外的需求，而索取高价能使偏好接近于 $x=1/2$ 的消费者选择不买，这意味着市场被局部覆盖。同样地，如果 $a \geqslant 1/4$，意味着厂商的产品接近于产品空间的中点，偏好在端点的消费者在利润最大化价格上只能获得0效用。p^c 和 π^c 代表垄断价格和每个厂商的利润。用无差异条件从效用函数中解得：

$$\pi^c(a) = \frac{p^c(a)}{2} = \begin{cases} \dfrac{1}{2}[s - t(1/2 - a)^2], \text{当 } a \leqslant 1/4 \text{ 时} \\ \dfrac{1}{2}[s - ta^2], \text{当 } a \geqslant 1/4 \text{ 时} \end{cases} \tag{3.3}$$

当 $a \leqslant 1/4$ 时，$\pi^c(a)$ 是 a 的增函数。当 $a \geqslant 1/4$ 时，$\pi^c(a)$ 是 a 的减

① 对这一假定的具体说明见附录。

函数。因此，当 $a=1/4$ 时，垄断利润最高。这意味着 $a=1/4$ 最小化了平均负效用成本，即最大化了平均购买意愿，因此厂商获得最高垄断利润。

二、一期纳什均衡价格

一期基本博弈的纳什均衡就是价格惩罚价格。在给定设计和其对手价格的情况下，每个厂商最大化其利润。由于 π_i 是 p_i 的凹函数，因此直接求导，可得厂商 i 的反应函数：

$$p_i=\frac{1}{2}[t(1-2a_j+a_j^2-a_i^2)+p_j]$$

反应函数是向上倾斜的，意味着策略互补。求解均衡价格，在这里 n 代表着纳什均衡，可得：

$$p_i^n=\frac{t}{3}(3-4a_j-2a_i+a_j^2-a_i^2)$$

将 p_i^n 代入式（3.2）并整理，可得厂商 i 在惩罚阶段的利润：

$$\pi_i^n=\frac{t(1-a_i-a_j)(3+a_i-a_j)^2}{18} \tag{3.4}$$

通过假定2，可得：

$$\pi_i^n=\frac{t(1-2a)}{2} \tag{3.5}$$

表达式式（3.5）表明 π_i^n 是 a 的减函数，这与直觉相符。因为当 a 越接近1/2时，博弈越接近于同质产品的标准伯川德博弈，这意味着边际产品定价和零利润，因此 a 越小，即产品差别程度越大，惩罚阶段的利润越高。

引理3.2：在惩罚阶段，市场被完全覆盖。

证明：通过引理3.1可以知道在垄断定价下，市场被全部覆盖，因此，在价格更低的竞争环境下，市场因此也能被完全覆盖。

三、背叛价格

因为垄断价格不是一期的均衡价格，所以，偏离合谋价格是有利可图的。这里存在两种可能的背叛策略，不管使用什么策略，某厂商都能通过降低价格，通过获得竞争对手的消费者而获利。一种策略是也许获得一部分消费者对厂商而言是最优的。而另一种策略是获得整个市场，因而获得更大的利润对厂商而言是最优的。

当获取整个市场时，背叛的厂商将不得不降低价格直到最不喜欢这个厂商产品的消费者对两个产品无差别为止。因此，如果背叛者制造一种接近于

$x=0$ 的产品，他将不得不使偏好 $x=1$ 的消费者在两种产品上无差别。如果背叛者制造一种接近于 $x=1$ 的产品，他将不得不使偏好 $x=0$ 的消费者在两种产品上无差别。索取较低的价格将不会创造额外的需求，而索取较高的价格将使部分消费者到另一厂商处购买。

设上标 w 和 f 代表着全部（Whole）获取和部分（Fractional）获取，上标 d 意味着背叛。

在全部获取策略中，背叛利润能用无差异条件从效用函数中解得，为：

$$p_w^d(a)=\pi_w^d(a)=p^c(a)-t(1-2a) \tag{3.6}$$

从 p^c（a）的定义可得：

$$\pi_w^d(a)=\begin{cases}\dfrac{1}{4}(4s-5t+12at-4a^2t),\text{如果 } a\leqslant 1/4\\ s-t+2at-a^2t,\text{如果 } a\geqslant 1/4\end{cases} \tag{3.7}$$

在部分获取策略中，背叛厂商面临的利润函数为：

$$\pi_i=p_i\left[\frac{1}{2}+\frac{p^c(a)-p_i}{2t(1-2a)}\right] \tag{3.8}$$

通过利润最大化，最优的背叛价格等于：

$$p_f^d(a)=\frac{1}{2}(p^c(a)+t(1-2a)) \tag{3.9}$$

代入式（3.8）可得：

$$\pi_f^d(a)=\frac{(2at-p^c(a)-t)^2}{8t(1-2a)} \tag{3.10}$$

将 p^c（a）代入，可得：

$$\pi_f^d(a)=\begin{cases}\dfrac{(4s+3t-4at-4a^2t)^2}{128t(1-2a)},\text{如果 } a\leqslant 1/4\\ \dfrac{(s+t-2at-a^2t)^2}{8t(1-2a)},\text{如果 } a\geqslant 1/4\end{cases} \tag{3.11}$$

引理 3.3：保留价格越高，全部获取策略就越能获得支配地位。而且，如果产品接近于完全替代时，即 a 越接近于 1/2 时，全部获取策略总是能获得支配地位。

证明：见附录。

引理 3.4：当厂商进行价格背叛时，市场将被全部覆盖。

证明：通过引理 3.1 可知道在垄断定价下，市场能被覆盖，因此，当一个厂商降价时，市场肯定也能被完全覆盖。

第四节　贴现因子限制

已经推导出了垄断利润，背叛利润和惩罚利润，本部分将推导出维持垄断定价所需要的最小贴现因子的表达式。

一、产品差别程度为外生变量

在改变产品设计非常昂贵的情况下，即差别程度被看作是外生变量时，其相关的问题是：当产品存在差别时，还是当产品相同时最容易维持市场垄断价格。结论可由 $\gamma(a)$ 推出。将相关的利润函数代入式（2.1），可得出 $\gamma(a)$，如图 3－1 所示。

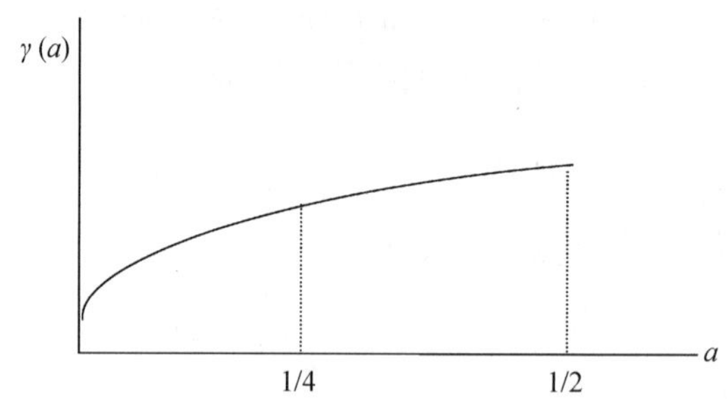

图 3－1　产品差别程度为外生变量时的最小贴现因子限制

定理 3.1：$\gamma(a)$ 在 a 上连续且递增。而且，$\gamma(a) \in (0, 1/2]$。

证明：见附录。

因此，对所有满足假定 1 的参数，贴现因子限制在产品存在差别时不是那么严格。因此，在这样的市场上，可能存在着大量的合谋行为。这背后的直觉是：当产品差别程度越来越低时，背叛利润增加而惩罚利润减少。当 $a \leqslant 1/4$ 时，合谋利润增加，当 $a \geqslant 1/4$ 时，合谋利润减少。然而，背叛利润大于其他的利润，因此，使合谋难以维持。即产品差别有利于厂商进行合谋。①

当产品设计难以改变，即产品差别程度为外生变量时，厂商自然地想索取不受限制的垄断价格。如果这个目标不可能达到，他们将在能够维持合谋时选择较低的合谋价格。

定理 3.2：如果不受限制的垄断价格不能维持，当贴现因子限制正好约束

① 当运输成本为线性时，即在未经修改的 Hotelling 模型中，此结论也成立。

时，厂商选择较低的价格 p^c。存在着一个 p^*，对于任何产品设计和贴现因子，$p^n \leqslant p^* \leqslant p^c$。而且，产品差别程度越低，$p^*$ 越低。

证明：见附录。

因此，当不受限制的垄断定价不能维持时，产品差别程度越高，利润较高。增加的产品差别提高了厂商在惩罚阶段的所得，但降低了厂商在背叛阶段的所得。而后者的效应强于前者。因此，只要不超过贴现因子限制，产品差别程度越高，厂商越能索取高价。即产品差别程度越高，合谋越容易维持。

当产品设计给定时，随着运输成本参数 t 的减小，合谋将难以维持。其原因是，随着运输成本参数 t 的减少，由背叛产生的利润增加，厂商通过降低价格，可以获得更大的市场份额，因此背叛利润增加，这使得对于任何产品设计而言，合谋难以维持。

定理 3.3：γ (a) 在 t 上连续且递减。而且，γ $(a) \in (0,\ 1/2]$。

证明：见附录。

二、产品差别程度为内生变量

当厂商改变产品设计的成本较低时，即产品差别化为内生时，其相关的问题是：当产品存在差别时，还是当产品相同时最容易维持市场垄断价格。需要解决三个问题。

第一，即使对于某些设计是可能的，厂商实际想去维持不受限制的垄断价格的意图不再明显。如上节所述，不受限制的垄断定价（因此得到的利润）是 a 的凹函数，并在 $a = 1/4$ 时取最大值。因此，如果对于接近 $x = 0$ 时的设计，不受限制的垄断价格是可维持的，但对接近于 $x = 1/4$ 的设计，不受限制的垄断价格不可维持的。厂商可能在不引发背叛的情况下，对接近 $x = 1/4$ 的设计索取相对高的价格。

第二，当厂商能自由地改变设计时，在产品设计上的背叛也许比价格上的背叛更有可能盈利，但这将不会发生，因为

引理 3.5：在价格上的背叛也许比在产品设计上的背叛更有利可图。

引理 3.5 后的直觉是直接的。当厂商在产品设计上背叛时，以后的阶段将都是惩罚阶段。厂商在惩罚阶段的盈利将随着产品差别程度的增加而增加。因此，对背叛者而言，最优的方案是希望 $a_1 = a_2 = 0$。而 $a_1 = a_2 = 0$ 恰好是价格背叛后的均衡设计。价格背叛本身创造额外的利润，因此它一定是占优策略。

第三，没有理由相信，一旦价格合谋破裂，厂商将坚持在设计上合谋。对式（3.4）在 a_i 上求导可得：

$$\frac{\partial \pi_i^n}{\partial a_i}=\frac{-t(a_i-a_j+3)(3a_i+a_j+1)}{18}<0$$

因此在惩罚阶段的纳什均衡设计是 $a_1=a_2=0$，这意味着 $p^n=t$，而且[①]

$$\pi_i^n=\pi^n=\frac{t}{2} \tag{3.12}$$

因此，惩罚利润由式（3.6）给出，而不是由式（3.7）给出。将相关的利润函数带入，可得：

定理 3.4：γ（a）在 a 上连续而且递增。而且，$0<\gamma$（a）$\leqslant 1$。

证明：见附录。

γ（a）在 π^n 上递增，因此允许厂商在惩罚阶段最优地调整设计，将使 γ（a）函数向上移动而使垄断价格更难维持。除此之外，这个结果也基本保持不变。对于所有满足假定 1 的参数，当产品差别程度较高时，不受限制的垄断定价更易达成。其背后的直觉是：随着产品差别程度的降低，背叛利润增加，而合谋利润在 $a\leqslant 1/4$ 时增加，在 $a\geqslant 1/4$ 时下降。因为第一种效应总占优，因此对于给定的贴现因子，合谋将变得越来越困难。

第五节　最优的产品差别程度

在本节中，厂商将理性地选择合谋设计。因此，他们对于在合谋必须维持的约束下的设计和价格，最大化联合利润。研究结果表明：除非贴现因子非常低，最优的设计实际上允许不受约束的垄断定价。假定 $\tilde{a}$ 为维持不受限制的垄断定价所必需的最小差别。即，$\tilde{a}$ 是 $\delta=\gamma$（a）的解。设 $a^*(\delta)$ 作为贴现因子的函数，代表最优的产品设计。因此：

定理 3.5：如果 $\delta\geqslant\gamma$（1/4），那么 $a^*=1/4$。如果 γ（0）$<\delta<\gamma$（1/4），那么 $a^*=\tilde{a}$。如果 $\delta\leqslant\gamma$（0），那么 $a^*=0$。

因此，$a^*(\delta)$ 如图 3-2 所示。

当贴现因子较高时，厂商不受 γ（a）的限制，他们对于价格和设计，最大化其利润，所以 $a^*=1/4$，索取的价格是不受约束的垄断价格。当贴现因

① 因此，基本博弈的均衡点是产品将实现最大差别。这无疑是一个普遍的结论。基本上有两种力在相反的方向运动。对于给定的价格，厂商将接近竞争者去窃取消费者。另一方面，当产品差别越来越小时，价格竞争将变得越来越激烈。在本书的分析中，第二种效应占主导，但是，当运输成本为线性时，即在未经修改的豪特林模型中，第一种效应占主导，即被后来称为最小差别化原理的由来（Boulding，1966）。

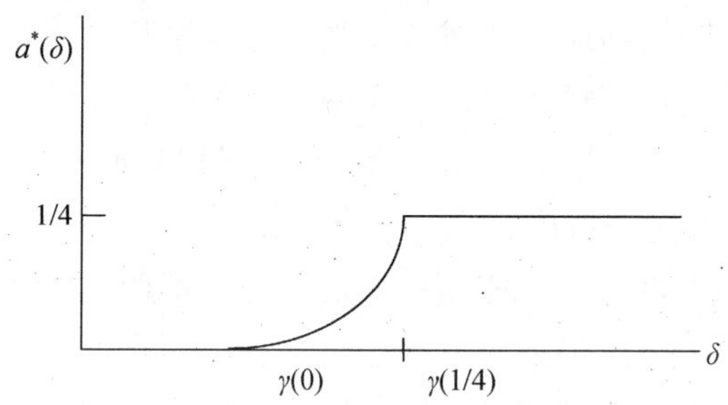

图 3－2　产品差别程度为内生变量时的最小贴现因子限制

子较低时，厂商增加差别程度，但索取的价格仍然是不受约束的垄断价格。最后，对非常低的贴现因子，$a^*=0$，因此差别程度不能再增加。在这样的情况，厂商选择低于不受约束的垄断价格下的合谋价格。

从直觉上看，假定对于某种设计垄断定价是不可维持的，但存在比垄断定价低的最优合谋价格。接着，厂商选择增加产品差别程度使价格固定。因为在惩罚阶段的利润独立于合谋设计，而且合谋价格是固定的，所以唯一发生的事情就是因为产品差别程度的增加而使背叛利润下降。这使得贴现因子限制不那么严格了，因此，对于给定的贴现因子，这里存在一个松弛区使厂商能够提高合谋价格直到受到贴现因子约束为止。这个过程持续直到 $p^*=p^c$（即 $a=\tilde{a}$），或者直到 $a=0$。

第六节　结论及政策含义

一、结论

在重复博弈中时，二次运输成本的 Hotelling 模型有如下性质：

第一，当重新设计产品的成本非常高时，即产品差别程度为外生变量时，产品差别有利于合谋稳定。当垄断价格不能维持时，降低合谋价格将使厂商能成功地合谋。而且，产品差别程度越低，受限制的垄断价格就越低，这与 Chang（1991）的结论是相同的。这表现在两个方面：一方面，产品差别程度的增加有利于合谋稳定。即产品水平差别程度与合谋稳定性正相关。这表现在：当垄断价格不能维持，降低合谋价格将使厂商能成功地合谋。而且，产品差别程度越低，受限制的垄断价格就越低。另一方面，如果产品设计给定，运输成本的增加有利于合谋稳定性。

第二，当重新设计产品的成本非常低时，即产品差别程度为内生变量时，差别程度越大，垄断价格越容易维持。当产品差别程度为中等时，垄断利润最大。因此，如果贴现因子较高，厂商将选择中等程度的产品差别。如果贴现因子较低，理性厂商将增加产品差别，仍然可以索取不受限制的垄断价格。贴现因子越低，产品差别程度越大。

这两个结论都表明了一个相当普通的趋势：即产品差别能放松竞争，有利于合谋。这是因为当产品差别程度越低时，背叛利润越高。但是，产品差别程度的下降也导致惩罚利润的下降。因此，接下来的工作就是判断哪种效应占主导，本书在二次运输成本的 Hotelling 模型的基础上得出产品差别化有利于合谋稳定的结论。①

本书所得的结论与 Davidson（1983）的研究是相同的。他在对美国 1984 年水平兼并指南的批评中指出，在产品水平差别化市场上，背叛变得无利可图，卡特尔也许更加稳定。他并没有给出正式的合谋模型，也没有涉及惩罚机制，他在总结了同质产品和异质产品卡特尔后得出：当产品存在差别时，分割市场造成的产品差别化本身提供了稳定的市场分配机制②。

因为本书的结论是在改进的 Hotelling 模型下得出的，这个结论的一般性值得怀疑。首先，与原始的 Hotelling 模型不同的是，运输成本被假定为二次的而不是线性的。然而，对于线性的运输成本，这个结果仍然是可信的，至少在外生产品差别的情况下。当然还存在一些其他的函数形式③会改变本章的结论，但相对于其他假设而言，线性和二次运输成本更加接近现实。其次，本书假设价格和产品设计不是同时被选择的，尽管这个假设也许是符合现实的，但这个假定会影响博弈。如果价格和产品设计是同时被选择的，那么价格背叛也许会和设计背叛在一起发生。尽管很难衡量这个假定的重要性，但这个假定足以使分析的复杂性大为增加。

二、政策含义

（一）兼并政策

研究产品差别化与合谋稳定性的一个主要目的是因为产品差别程度是一

---

① 在空间模型中，消费者的需求是 0－1 类型的，因此只要每个消费者从最近处购买，从合谋定价中将不存在福利损失。因此，改变产品差别程度将不能改变福利损失。所以，本书不能进行福利分析。

② 例如，他假设一个饮料市场，在这个市场上，存在着三种级别的饮料：普通的，中等的和特殊的。一个成功的合谋安排也许仅是禁止合谋厂商提供其他级别的软饮料，但根本不需要规定价格。

③ 如运输成本为凸的，即当产品设计接近最受偏爱的品种时，效用对设计的改变最敏感。

个容易观察的变量，任何产品差别程度与合谋稳定性间的关系对反垄断当局是有用的。(Halliday 和 Seabright，2001)。在兼并审查中，加拿大和美国反垄断当局将差别程度作为兼并后合谋可能发生的指征。如 1984 年的美国兼并指南指出："随着组成相关产品市场的产品越来越多，异质化、差别化……卡特尔面对的问题越来越复杂。与单一价格不同的是，建立和实施复杂的价格计划是困难的。"这段论述的意思是：厂商必须在复杂的价格体系和产品质量上协调。而且，背叛也许很难被发现，因为背叛厂商能调整价格和产品属性①。1992 年的兼并指南重复这些结论："达到协调的条款也许会被产品异质性所限制或阻止"②。本书的研究表明，如果产品差别主要表现为水平差别化，那么产品的差别程度增加将有利于合谋的稳定性，那么兼并指南中对产品同质并不确保合谋不容易发生，因此，对反垄断当局而言，需要找到哪种产品差别化将有利于合谋的产生，从而更关注对这类市场上的兼并审查。

（二）厂商策略性行为

对厂商而言，这个结论阐明了各种经营决策变量和利润的关系。比如，对产品设计和质量的经营决策影响产品差别的程度，而这影响到产品市场的竞争和由此而来的利润。厂商如果想通过默契合谋来减少竞争，避免价格战，应加大产品水平差别化，以达到合谋稳定的目的。在中国，产品改进和开发没有新意，产品设计思路单调，仍囿于"降低成本、提高质量"的唯一思路，还没有树立起设计"与众不同"的产品的新的设计理念和思路，也远没有充分认识到拉大产品差别，突出产品差别，厂商可通过创新的广告宣传、促销活动和售后服务等有意识地开发和形成产品软差别优势，树立厂商产品形象，突出产品差别的特色和优势，从而避免价格战。

---

① 参见 Fisher，Horizontal mergers：Triage and treatment，Journal of Economic Perspectives，1987，1：23～40。

② http：//www. sudoj. gov/atr/public/guidelines/horizbook/hmgl. html.

第四章 消费者方透明度与合谋

在经济学中，如果下列内容被大部分或全部被市场主体所得知：①可获得什么产品或服务；②以什么价格获得；③在哪里可获得，那么就称这个市场是透明的[①]。在这里，本书所讨论的是第二种情况，即市场主体对“以什么价格获得”信息的了解程度，即市场价格透明度，简称为市场透明度（Market Transparency）。

对市场透明度的另一种解释是，市场透明度指的是发现实际交易价格所花费的时间和货币成本[②]。这些成本越低，市场越透明。当交易成本低到市场参与者同时了解所有价格，那么这个市场将是完全透明。如果交易成本如此高，以至于几乎没有消费者和生产者了解价格，那么这个市场将完全缺乏透明度。在这两个极端之间，便是“真实世界”的市场。

从这个角度上来讲，一定程度的市场透明度对于竞争的存在是必要的，因为如果消费者不能合理地比较价格，就没有价格竞争。增加市场透明度能够通过降低搜寻成本从而使消费者受益。这个理由可以解释消费者权益保护机构一般倾向于偏好高的市场透明度。

然而，市场透明度的增加有利于还是不利于竞争，无论在理论上还是在公共政策的运用上一直是一个值得争论的话题。不同的学者从不同的角度对这个问题进行了研究，不同国家的反垄断政策对市场透明度的态度也是不同的。

本书的目的是想在产品水平差别化模型的基础上来讨论市场透明度对合谋的影响。特别地，将考察提高市场透明度是否有利于合谋的稳定性。为了使对问题的分析更加全面，将市场透明度分为生产者方透明度和消费者方透明度两个方面来考察。受 Varian（1980）研究的启发，本书将消费者方透明度定义为市场上知情消费者的比例。根据 Stigler（1964）、Green 和 Porter（1984）和 Tirole（1988）的观点，将生产者方透明度定义为背叛行为被发现

① 参见 Wikipedia，The Free Encyclopedia。

② 参见 OECD 对 Price Transparency 的定义，Committee on Competition Law and Policy，DAFFE/CLP（2001）22。

的概率。在本章将讨论消费者方透明度对合谋稳定性的影响，下章将讨论生产者透明度对合谋稳定性的影响及消费者方透明度与生产者方透明度效应的比较。

本书在 Møllgaard 和 Overgaard（2000）研究的基础上，使用经 d'Aspremont 等（1979）和 Economides（1986）修改的 Hotelling 模型，研究了在存在产品水平差别化的市场上，消费者方透明度对合谋稳定性的影响。本书的研究表明：当生产者方透明度不变时，消费者方透明度的增加将产生两种效应。一方面，透明度的提高增加了厂商在合谋均衡中实行背叛的诱惑，另一方面，它使得触发策略中的惩罚变得困难。两种效应的方向不同，但第一种效应大于第二种效应，因此，消费者方透明度的提高使合谋难以维持，是有利于竞争的，而在不存在产品水平差别化的市场上，这两种效应的大小难以比较，因此很难确定消费者方透明度的提高对合谋稳定性的影响。

第一节 文献综述

对消费者方透明度的研究是从 Varian（1980）对不完全透明的同质产品市场的研究开始的。他的研究表明：在对称的纳什均衡中，厂商的预期利润随着透明度的增加而下降，因此透明度的增加加剧了竞争。他的研究可以看作是在静态环境下对消费者透明度的增加将促进竞争的最好解释。

关于广告的研究对市场透明度的理解有着重要的贡献。这类研究认为：厂商在市场上积极的参与影响着市场透明度。[①] 这类研究的共同结论是：价格广告将导致了较低的价格（Bester 和 Petrakis，1995；Baye 和 Morgan，2000），即市场透明度的提高将强化竞争。这一观点可以在对于搜寻成本的研究结论中找到共鸣（参见 Burdett 和 Judd，1993；Stahl，1989）。这类研究认为，搜寻成本的降低将增加搜寻行为因而强化了竞争。不过 Anderson 和 Renault（1999）得出了相反的结论：他们认为当消费者不得不搜寻价格和产品特征时，市场价格将随着搜寻成本的增加而提高。

在为数不多的研究消费者方透明度对合谋影响的文献中，Nilsson（1999）的研究是基于 Burdett 和 Judd（1993）的重复搜寻模型。在他的模型中：①产品是同质的，不存在水平差别；②厂商完全了解价格，而消费者不得不通过

① 与之不同的是，本书假定市场透明度不是被厂商而是被外在的机构的行为所影响。

搜寻而了解价格。他用搜寻成本（search cost）[①] 来衡量消费者方透明度。搜寻成本越低，市场透明度越高。大多数的消费者在考虑了从搜寻中的期望收益后决定是否搜寻，而有部分消费者总是搜寻。如果厂商把价格设定得相同，大多数消费者将停止搜寻，这发生在厂商在高价格上进行合谋的时候。因此，如果在合谋阶段某厂商实行了背叛（降价），这个厂商只能获得相对少的需求增加，因此，这有利于合谋。然而，在惩罚阶段，厂商没有设定相同的价格（在 Varian 模型中他们采用混合均衡策略），因此，搜寻发生，通过降低搜寻成本而增加的市场透明度在这个阶段强化了竞争。增加市场透明度增加了在惩罚阶段的搜寻，但没有增加在合谋阶段的搜寻，因而增加的透明度有利于合谋。[②]

Møllgaard 和 Overgaard（2000）用存在产品差别化的双寡头超级博弈模型也研究了消费者方透明度问题。他们没有区别产品可替代程度和市场透明度，而是假定产品是同质的，但消费者认为产品有差别，因此他们将透明度定义为消费者比较产品和服务特性的能力。他们的研究基于经过改造的重复的 Singh 和 Vives 模型（代表性消费者模型）。他们将在消费者效用函数中产品可替代的程度解释为“被感知”的可替代程度并且等同于透明度。增加的透明度因此使消费者很容易的在生产者间进行转换。在触发策略均衡中，这增加了厂商进行背叛的诱惑（因为可以获得更多的需求）。然而，这也使惩罚均衡更加严厉，因此，存在着最优的透明度程度。他的研究结果反映了产品差别程度对合谋稳定性影响的研究成果（参见第二章和第三章）：当市场透明度非常高时，合谋稳定性将降低。Schultz（2004）在内生产品差别化的 Hotelling 模型的基础上研究了消费者方透明度对产品差别化的影响，得出：提高消费者方透明度将导致厂商降低产品差别程度，并且降低价格和利润，消费者福利和社会总福利因此而提高。他的研究可以看作是联系产品差别化与消费者方透明度间的桥梁。

本书研究与上述文献不同之处在于：本书使消费者偏好和产品特征保持不变，而仅仅考察价格透明度的影响。另外，与 Møllgaard 和 Overgaard（2000）不同的是，本书所使用的市场模型是空间竞争模型，强调本地化竞争和市场小生境（参见第三章）。

---

① 参见 Varian（1980）。

② 与他的分析不同的是，在本书的分析中，增加的市场透明度增加了在惩罚和合谋阶段中消费者的信息水平，而不仅仅是惩罚阶段的信息水平。另外，本书考虑的是产品水平差别市场。

第二节 重复博弈模型

现在来考虑重复博弈的情况。在这里假设消费者在每一期的信息类型相同。

本书使用 ϕ_c 代表消费者方透明度，ϕ_f 代表生产者方透明度。ϕ_f，$\phi_c \in [0, 1]$。如果 $\phi_f = 1$（或者 $\phi_c = 1$），我们就称从生产者（消费者）的角度而言，市场是完全透明的。反之，如是 $\phi_f = 0$（或者 $\phi_c = 0$），我们就称从生产者（消费者）角度而言，市场是完全不透明的。

本书将消费者方透明度定义为消费者对厂商产品定价的信息了解。① 消费者可分为两种类型：知情（The Informed）消费者和不知情消费者（The Uninformed）。② ϕ_c 表示市场上知情消费者的比例，或在市场上随意选择的消费者知道价格的概率。ϕ_c 越高（接近于1）表示知情消费者的比例越高，ϕ_c 的值越低（接近于0）代表知情消费者的比例越低。知情消费者了解产品价格而不知情消费者对此一无所知。知情消费者对所有厂商的产品定价都了解，这或许是他们可以通过登录进行价格比较的网站或其他渠道了解这一信息。不知情对厂商的价格有自己的预期。当均衡时，这种预期是正确的。厂商所面对的需求弹性取决于不知情消费者的比例，因而取决于市场透明度的高低。

如果增加的市场透明度使合谋难以维持，那么将主要表现在两个方面。第一，维持垄断价格合谋的最小贴现因子 γ 随着市场透明度的增加而增加。第二，如果贴现因子 γ 太小而使在垄断价格（不受限制的垄断价格）上的合谋变得不可行，那么厂商通过合谋能维持的最优价格（即受限制的垄断价格）将随着市场透明度的增加而下降。

考虑消费者方透明度对合谋稳定性的影响，此时需要在两种效应中做权衡。仍然考虑触发策略的情况。即以永远转向纳什均衡作为惩罚或威胁。一方面，市场透明度越高，通过降价而获得的市场份额越高，因此，就增加了厂商背叛行为的诱惑，这种效应不利于合谋的稳定性。因此，在静态中，即在一期博弈中，增加消费者方透明度将加剧竞争，降低静态均衡价格和利润。但在随后的惩罚阶段，在纳什均衡的惩罚下，惩罚阶段的利润随着市场透明度的增加而下降，这使得惩罚变得严厉，通过这种效应，增加的透明度使动

---

① 如上所述，本书中的市场透明度指的是价格信息透明度。

② 这一想法受取 Varian（1980）的启发，他考虑了同质产品市场上有些消费者不了解价格的情况。

态博弈中的合谋变得容易。因此，考虑消费者方透明度对合谋稳定性的影响时，需要在从背叛中增加的一期利润与增加惩罚的严厉性中权衡。

通过式（1.4）可知，为了维持完全合谋，必须满足：

$$\delta \geqslant \gamma \equiv \delta(\phi_c) = \frac{\pi^d(\phi_c) - \pi^c(\phi_c)}{\pi^d(\phi_c) - \pi^n(\phi_c)} \tag{4.1}$$

因此，分子和分母都取决于透明度的衡量。给定最小贴现因子 γ，我们希望透明度与 γ 间存在一个稳健的单调关系。但这不能立刻确定，因为维持完全合谋所需的贴现因子，随着透明度是（局部地）增加还是减少取决于市场的情况。

第三节 产品水平差别模型

本书选用的是经 d' Aspremont 等（1979）和 Economides（1986）修改的 Hotelling 模型，这样修改的好处在于：第一，运输成本用平方的形式表示可能更适用于产品差别化的情况，因为这意味着当消费者偏离自己最偏好的产品时，效用会加速减少。第二，二次运输成本模型使需求函数和利润函数都有很好的定义（连续的和凹性的）。① 第三，与前面的模型保持一致。这个模型假定产品差别是一维的，厂商数目为 2，没有进入或退出，每个厂商只生产一种产品。

设定两厂商为厂商 1 和厂商 2。假定消费者沿着一条长度为 1 的直线均匀分布，两厂商在这个一维产品空间生产产品 a_1 和 $1-a_2$。每个时期，每个消费者至多购买一个单位产品（除了在产品空间的定位外，产品的其他特征是相同的）。如果不能买到最喜欢的品种，消费者将承受一个负效用成本。消费者从给予他们最高效用的厂商处购买，如果价格太高，他们将拒绝购买。厂商有不变的和相同的边际成本，不失一般性地被假定为 0。

偏好参数为 $x \in [0, 1]$ 的消费者的效用函数为：

$$U(x) = \begin{cases} s - t(x-a_1)^2 - p_1, \text{如果从厂商 1 处购买} \\ s - t(1-a_2-x)^2 - p_2, \text{如果从厂商 2 处购买} \\ 0, \text{其他} \end{cases} \tag{4.2}$$

在这里，x 代表着一个消费者最偏好的产品。参数 s 代表一个有限的保留价格（Reservation Prices），即当产品价格超过 s，消费者不会购买。t 乘以距

① 详细可参见 d' Aspremont、Jaskold Gabszewica 和 Thisse（1979）。

离的平方代表负效用成本。p_1 和 p_2 代表厂商索取的价格。如果消费者不从厂商 1 处或厂商 2 处购买，将获得零效用。给定价格 p_1，p_2，产品设计 a_1，a_2。

如果 x^* 代表着消费者在 a_1 和 $1-a_2$ 中无差别，那么 x^* 可由下式给出：

$$s-t(x^*-a_1)^2-p_1=s-t(1-a_2-x^*)^2-p_2$$

$$x^*=\frac{1-a_j+a_i}{2}+\frac{p_j-p_i}{2t(1-a_i-a_j)} \tag{4.3}$$

假定 1：设计是对称的，所以 $a_1=a_2=a$。

因此，当 $a=0$ 时，产品差别程度最大，为两种不同的产品。当 $a=1/2$ 时，产品差别程度最小，为同质产品。为了研究方便，只考虑当 $a=0$ 时，产品差别程度最大的情形。

市场并不是完全透明的，存在着两种信息类型的消费者：ϕ_c 比例的消费者了解两厂商的产品定价①，而 $1-\phi_c$ 的消费者不了解。在这里，ϕ_c 为本书中测量市场透明度的变量，ϕ_c 越高，市场透明度越高。我们可以想象知情的消费者有方便的渠道了解价格信息，也许通过网站或杂志等。假定这两种类型的消费者都均匀分布。

不管消费者是否了解产品的价格，但他们都知道厂商的位置。位于 x 处的消费者如果不了解厂商 i 的价格，他会有一个价格预期 p_i^e。对这个消费者而言，从厂商 1 购买单位产品获得的期望效用为 $u-p_1^e-tx^2$。此消费者在两个厂商间是无差别的，如果他位于 $y=x$（p_1^e，p_2^e）。考虑当 $y=1/2$ 时的对称均衡。这个消费者只能通过购买才能了解价格。在一期中，消费仅能光临一家厂商。他不能同时光临两家厂商，在购买前收集价格信息。

博弈的时间线如下：第一步，消费者形成价格预期 p_1^e，p_2^e。第二步，厂商设定价格 p_1，p_2，这些价格仅仅只为部分消费者所观察到。第三步，消费者决定去光临哪家厂商。值得注意是，消费者的决定可能取决于他对价格的了解或对价格的预期。如果不知情的消费者去一个厂商处购买，发现价格比预期的高，他可能会拒绝购买。例如，他去厂商 1 处，$s-p_1-tx^2<0$。在均衡时，这种情况将不会发生，因为消费者有正确的和理性的预期。最后，交易发生。厂商设定价格是同时进行的。在价格设定阶段，厂商将预期价格视为给定。最终设定的价格将取决于预期价格，均衡价格将是（p_1（p_1^e，p_2^e），p_2（p_1^e，p_2^e））。我们假定预期是理性的，所以在均衡处 $p_1^e=p_1(p_1^e$，$p_2^e)$ 并且 $p_2^e=$

① 可能存在着这样的情况：一些消费者可能仅仅只知道一家厂商产品的价格。本书排除这种复杂情况。

$p_2(p_1^e,\ p_2^e)$。即在均衡处，没有这样的消费者，他认为他想购买的产品价格太高，而希望去另一处购买。

因此对厂商 1 的需求为：

$$D = \phi_c x(p_1, p_2) + \frac{1-\phi_c}{2} \tag{4.4}$$

在这里，使用了对称预期。假定市场被覆盖，因此厂商 2 的需求为 $1-D$。

引理 4.1：$\phi \geqslant \frac{4t}{4s-t}$意味着市场被全面覆盖。

证明：见附录。

一、定价策略

（一）联合利润最大化时的价格

联合利润最大化时的价格是没有受到约束的垄断价格。它通过相对于一个统一的价格最大化两厂商的联合利润而得到，而没有考虑这个价格是否可以维持的问题。

现在考虑厂商为了达到联合利润最大化而进行合谋的情况。

引理 4.2：联合利润最大化意味着市场被全面覆盖。

证明：见附录。

市场被全面覆盖时，联合利润最大化下的价格 p^m，使在 $x=\frac{1}{2}$处的消费者购买或不购买的效用无差别。由此可得出垄断价格为：

$$p^m = s - \frac{t}{4} \tag{4.5}$$

在理性预期均衡处 $p^m = p^e$，厂商销售给知情和不知情的消费者，因此，每个厂商的利润为：

$$\pi^m = \frac{s - t/4}{2} \tag{4.6}$$

（二）一期纳什均衡价格

一期基本博弈的纳什均衡就是价格惩罚价格。

厂商 1 的利润为 $\pi_1 = p_1 D$。厂商将其他厂商的价格和透明度看作给定，追求利润最大化。

对厂商 1 而言，给定 p_2，ϕ_c $\max\limits_{p_1} p_1 D$

一阶条件为：

$$D+p_1\phi_c\frac{\partial x(p_1,p_2)}{\partial p_1}=0 \tag{4.7}$$

由式（4.4）可以推出：

$$x(p_1,p_2)+p_1\phi_c\frac{\partial x(p_1,p_2)}{\partial p_1}=0 \tag{4.8}$$

厂商1的需求弹性 $-\frac{1}{\phi_c}$。假定市场被覆盖，所有的消费者都会购买，因此在对称均衡时，$x(p_1, p_2)=1/2$。因此，我们得到纳什均衡价格和纳什均衡利润：

$$p^n(\phi_c)=\frac{t}{\phi_c},\pi^n(\phi_c)=\frac{t}{2\phi_c} \tag{4.9}$$

明显地，纳什均衡价格和利润都是 ϕ 的减函数。因此增加透明度将促进竞争和降低纳什均衡价格。当厂商降低价格时，只有知情消费者注意到这种情况并且增加需求。知情消费者比例越大，即 ϕ 越大，由降价所引起的需求效应越大，厂商间的竞争就越激烈。透明度的增加将使需求更有弹性，竞争更加激烈。在单期博弈中，厂商因此没有动力去增加（消费者）市场透明度。

（三）背叛价格

考虑以下触发策略均衡。不知情的消费者 p 在0阶段预期合谋价格，在以后的无限期他们将仅仅看到这个价格。一旦他们遇到不同的价格，他们将期望两厂商的纳什均衡价格。由于在均衡处预期是理性的，因此，合谋价格也许是垄断价格 p^m 或低一些的价格，我们分别来讨论。

在合谋阶段，厂商要么选择垄断价格 $p^m=s-\frac{t}{4}$ 或稍低一些的价格 p。

1. 当合谋价格为受限制的垄断价格时

假设厂商在价格 p 上合谋，如果一家厂商在一个时期选择另外的价格，那么两家厂商将在以后各期选择纳什均衡价格 $\pi(p)=\frac{p}{2}$。如果厂商在每期都选择价格 p，那么他将在每期获得 $\pi(p)=\frac{p}{2}$。如果他从合谋中背叛，那么，最优的背叛价格将最大化在此期的盈利。此价格将最大化

$$p'\left[\phi_c\left(\frac{1}{2}+\frac{p-p'}{2t}\right)+\frac{1-\phi_c}{2}\right]$$

由于仅有 ϕ_c 比例的消费者在光临该厂商前知道这一价格。剩下的 $1-\phi_c$ 比例的消费者期望厂商设定价格为 p。假设这其中一半的消费者将光临该厂商，决定购买。而另一半消费没有观察到这一降价，仍从另一厂商处购买。

因此，最优的背叛价格为：

$$p^d = \frac{1}{2}\left(p + \frac{t}{\phi_c}\right) \tag{4.10}$$

值得注意的是，$\frac{1}{2}\left(p + \frac{t}{\phi}\right)$是 ϕ 的增函数，并且当 $p > \frac{t}{\phi} = p^n$，小于合谋价格 p。市场透明度越高，降价将取得更大的需求，最优的背叛价格将越低。

背叛利润为：

$$\pi^d(p) = \frac{1}{8}\frac{(\phi_c p + t)^2}{\phi_c t} \tag{4.11}$$

当 $p > \frac{t}{\phi_c}$时，背叛利润是 ϕ_c 的增函数。因此，市场透明度越高，厂商从背叛中获得的利润就越高。这种效应将使合谋难以维持。

引理 4.3：惩罚阶段为子博弈纳什均衡。

证明：见附录。

2. 当合谋价格为不受限制的垄断价格时

当合谋价格为不受限制的垄断价格时，只需将式（4.5）和式（4.6）代入式（4.10）和式（4.11）即可得：

$$p^d = \frac{1}{2}\left(p + \frac{t}{\phi_c}\right) = \frac{1}{2}\left(s - \frac{t}{4} + \frac{t}{\phi_c}\right) \tag{4.12}$$

$$\pi^d(p) = \frac{1}{8}\frac{(\phi_c p + t)^2}{\phi_c t} = \frac{1}{36}\frac{(4s\phi_c - t\phi_c + 8t)^2}{\phi_c t} \tag{4.13}$$

二、贴现因子限制

现在假定厂商在垄断价格 p^m 上合谋。

定理 4.1：γ（ϕ_c）在 ϕ_c 上连续且递增。

证明：见附录。

由定理 4.1 可知：ϕ_c 越高，需要的最小贴现因子越大。即市场越透明，在垄断价格上的合谋越难以维持。

现在假设 $\delta < \gamma$，即在垄断价格上的合谋不能维持。

定理 4.2：p（δ，ϕ_c）在 ϕ_c 上连续且递减。

证明：见附录。

这说明市场透明度越高，通过合谋实现的受限制的垄断价格越低，受限制的垄断利润也越低。

因此，由此模型可以得出如下结论：消费者方透明度越高，合谋越难维持。

即在存在产品水平差别的空间竞争市场上，消费者方透明度的增加有利于消费者而不利于厂商。这个结论是从两种相反的效应中得出的。一方面，市场透明度越高，背叛利润越高，使得合谋难以维持。另一方面，市场透明度越高，纳什均衡利润越低，使得惩罚难以进行，因而合谋容易维持。这两种相反的效应，第一种效应要大于第二种效应，因此，消费者方透明度的增加使合谋难以维持，因而合谋价格和利润都小。

定理4.3：在同质品市场上，消费者方透明度的增加对合谋稳定性的影响是不确定的。

证明：见附录。

第四节　结论及政策含义

本书主要分析了在产品水平差别化市场上，消费者方市场透明度对合谋的影响。本书结论如下：在静态均衡中，透明度的增加将加剧竞争，降低价格和厂商利润，提高消费者剩余。但当厂商在市场上重复相遇，寻求合谋时，透明度的增加对合谋的稳定性产生不同的影响。区分消费者方透明度和生产者方透明度是重要的。本书得出如下结论：当生产者方透明度不变时，消费者方透明度的增加将产生两种效应。一方面，透明度的提高增加了厂商在合谋均衡中实行背叛的诱惑，另一方面，它使得随后的惩罚变得困难。两种效应的方向不同，但第一种效应大于第二种效应，因此，消费者方透明度的提高使合谋难以维持，是有利于竞争的。而在同质品市场上，消费者方透明度的增加对合谋稳定性的影响是不确定的。

由本书的结论可以知道：市场透明度的增加，可以通过消费者对商品的价格和特征的可感知的差别更多地反应来促进竞争。产品水平差别化使市场成为相对分割的搜寻市场，消费者方市场透明度主要起着积极的作用。因此，如果提高消费者方透明度的举措不会引起生产者方市场透明度变化①，那么正如Reich（1991）所指出的：信息可被看作是提高消费者自治的主要工具，因此提高消费的法律地位，更多地提高契约关系。契约自由被向有利于消费者的方面重新设置，因此允许资源的优化配置。透明度有双重目标：提高单个消费者对抗供应者的地位，增加竞争。如德国的联邦法庭（the Federal Court）

① 生产者方透明度对合谋的影响可参见作者的博士论文。

已经把透明度作为义务写进合同的公平测试规制条款。

因此，政府应鼓励和发展有利于消费者方透明度的举措，如商品比较杂志、进行价格调查和建立消费者数据的网站及质量认证计划，能提供给消费者指向性的购买信息，允许他们比较商品的质量和价格。政府所做的应该是给消费者充分的信息，让他们能够选择最好和最便宜的商品。

第五章 生产者方透明度与合谋

根据 Stigler（1964）、Green 和 Porter（1984）和 Tirole（1988）的观点，本书将生产者方透明度定义为背叛被发现的概率，但与他们研究不同的是，在经 d' Aspremont 等（1979）和 Economides（1986）修改的 Hotelling 模型的基础上，研究了存在产品水平差别化的市场上，生产者方透明度对合谋稳定性的影响。本书结论如下：①当消费者方透明度不变时，生产者方透明度的增加对合谋稳定性有着相反的效应。透明度越高，从合谋均衡中的背叛行为越容易被发现，这将有利于合谋而不利于竞争。②如果双方透明度相同，透明度同等程度的增加将使合谋难以维持，因此市场透明度的增加将有利于消费者而不利于厂商。如果生产者比消费者更容易得到价格信息，即如果生产者透明度高于消费者透明度，那么与双方透明度相同时的情况相比，合谋将容易维持，即有利于厂商而不利于消费者。

第一节 文献综述

增加市场透明度也能帮助生产者从事默契合谋，尽管在大多数国家这是合法的，然而却损害了消费者的利益。在一个充分集中的市场上，一家厂商仅仅只需要提高它的价格然后观察其他的厂商是否跟随即可。当其他厂商能很快地和准确地了解价格变化，而消费者不能做到这点时，价格领导者的风险就较低。而且，市场透明度的增加使合谋厂商较容易发现因此惩罚背叛厂商，这样合谋就能容易维持。

然而，对于提高生产者方透明度是否有利于合谋稳定性的看法并没有达到统一。其主流观点是 Stigler（1964）、Green 和 Porter（1984）和 Tirole（1988）的合谋理论，这些理论指出了增加生产者方市场透明度的反竞争效应。例如 Stigler（1964）认为，合谋最大的障碍在于发现秘密降价行为的概率。当竞争厂商不能观察到对手的降价行为时，合谋将不可避免地破裂。另外，如果厂商非常了解对手的行为，那么合谋将会成功，因为背叛行为将会很快地被发现和受到惩罚。但 Vega – Redondo（1997）得出了相反的结论，他认为生产者方透明度的提高将增加市场的竞争性。他使用的是基于模仿的学习博弈模型。他假设产品是同质的，厂商进行数量竞争。每个厂商了解对手各期的数量决定和利润水平。他研究了厂商模型前期成功策略的结果。他认为，存在着厂商错误地选择任意的产量的可能性，因此市场形成竞争的结果。

不同的国家的反垄断政策对生产者方透明度的态度也是不一致的。

欧盟委员会对市场透明度的态度是含糊的。Kuhn 和 Vives（1995）总结到：委员会认为通过价格提前告知来增加透明度的行为对竞争是有害的。在木（纸）浆案中（The Wood Pulp Case，参见第一章对这个案例的详细解释），委员会认为在欧洲的木（纸）浆厂商进行价格合谋和交换价格而违反了罗马条约 85（1）条款。委员会认为，这些厂商通过提前公布价格而使市场“人为地透明（Artificial Transparency）”。

与欧盟委员会的做法相反，美国的反垄断当局认为有利于提高市场透明度的厂商间信息交换行为并没有适用于《谢尔曼法》中的本身违法原则，但适用于合理推断原则（A Rule of Reason）。相关的案例集中在对信息交换在提供信息服务功能和合谋功能中的比较。尽管在有些案例中，将信息交换判定为非法的，但在大多数案例中，需要提供合谋行为的额外证明。（Kuhn 和 Vives，1995；Schere 和 Ross，1990①）。

对提高市场透明度采取最支持态度的是斯堪的纳维亚国家（包括挪威、瑞典、丹麦、冰岛）。瑞典竞争委员会在其报告中指出：竞争政策的目的之一是降低消费者的搜寻成本。挪威 1993 年的竞争法中提到，竞争当局的职责之一是“采取措施提高市场透明度”。丹麦竞争委员会提出：透明度能作为一个反对反竞争行为的工具。他们为了增加竞争程度而积极地增加市场透明度。如在 1993 年 11 月，丹麦竞争委员会，根据 1990 年的竞争法，决定收集和公开出版在本国三个地区的混合水泥交易价格。根据竞争法的第一条，“本法规的目的是促进竞争，提高生产和分配效率，通过最大可能的竞争条件透明度和反对限制自由竞争的措施。”但结果是厂商进行合谋造成了价格上涨了 15% ~20%。（参见 Albæk，Møllgaard 和 Overgaard，1996②）。尽管丹麦竞争委员会最近为了适应欧盟委员会的竞争政策已经改变了本国的竞争政策，但总的来说，各国反垄断政策对市场透明度的看法并没有达成一致。

---

① 具体参见本书对行业协会的反垄断规制中的详细说明。

② 通过这个案例，现丹麦反垄断当局认为，尽管市场透明度在增加消费者信息方面是有利于竞争的，但如果它增加了厂商间信息，它将使厂商间易于合谋而不利于竞争，参见 Erhvervspolitiken（1999）。

第二节　重复博弈模型

一、生产者方透明度效应

如果 ϕ_f 代表背叛被发觉的概率，ϕ_f 越高（接近于1），厂商获得竞争对手的数量或价格信息越快，允许厂商快速地回应对手行为的改变。同样，ϕ_f 越低（接近于0），厂商发觉对手从合谋中背叛的概率越低（例如，由于降价的秘密状态）。

当背叛仅以一定的概率[①]被观察到时，假设从合谋中的背叛仅以概率 ϕ_f 被观察到。如果背叛被发觉，那么它会立刻被发觉，此时 $\phi_f=1$。仍假设 ϕ_c 固定不变。

如果维持合谋，那么每个厂商的所得为：

$$V^C=\frac{1}{1-\delta}\pi^c(\phi_c)$$

如果一个厂商企图背叛，期望得到：

$$V^D=\pi^D(\phi_c)+\delta[\phi_f\cdot\frac{1}{1-\delta}\pi^N(\phi_c)+(1-\phi_f)V^C]$$

为了维持完全合谋，必须满足 $V^C\geqslant V^D$，因此可写作：

$$\delta\geqslant\gamma\equiv\delta(\phi_f,\phi_c)=\frac{\pi^d(\phi_c)-\pi^c(\phi_c)}{\pi^d(\phi_c)+(\phi_f-1)\pi^c(\phi_c)-\phi_f\pi^n(\phi_c)}\tag{5.1}$$

二、两方透明度效应的比较

当同时考虑消费者方透明度效应和生产者方透明度效应时，一个基本标准是考虑当消费者方透明度与生产者方透明度相等时（例如在市场上随机选择的消费者知情的概率等于随机选择的厂商知道竞争对手价格的概率），最小贴现因子限制和厂商通过合谋能维持的最优价格情况。即最小贴现因子限制为：

$$\delta\geqslant\gamma\equiv\delta\big|_{\phi_f=\phi_c}\tag{5.2}$$

① 这种情况与存在观察时滞时情况时的结论将是相似的，具体参见附录5.1。

第三节 生产者方透明度效应

如上文所述，我们假设当背叛仅以概率 ϕ_f 被察觉①。背叛是否能被察觉会影响到合谋的稳定性。一家厂商也许会在一期背叛，但其他的厂商不能观察到。然而，其他的厂商也许会发现自己的需求下降因此它将能够推断其他厂商发生了背叛。因此，引入不完全监管（Imperfect Monitoring）本身并不会改变合谋的可维持的概率。这是由于假设市场规模固定并被两厂商所知。因此在这部分本书假定市场规模是随机的。如果厂商经历了对自身产品需求的下降并且不能观察到其他厂商的价格，因此他不能判断需求下降是由市场需求的下降所引起还是因为其他厂商的背叛行为所导致的。

我们假定在一期内，每个消费者需求为 z 单位（$z \geqslant 0$），或为 0 单位，在这里，z 为随机变量。其他的对消费者的假定与前面的相同。特别地，假定消费者仅仅光临一家厂商。这意味着厂商所面临的需求函数如前所述。例如，了解双方厂商价格的消费者对厂商 1 产品的需求为：

$$x(p_1, p_2, z) \equiv z\left(\frac{1}{2} + \frac{p_2 - p_1}{2t}\right)$$

我们假定 z 同分布，分布函数 $\varphi(z)$ 在各期独立分布，市场的期望规模为 1，$\int_z z\varphi(z) = 1$。我们也假定［0，1］被包含在 φ 的假设中。厂商在选择价格前不了解 z。在这个阶段，厂商因此期望市场规模为 1。首先厂商选择价格，接着市场规模 z 被实现。厂商假定最大化期望利润。因此，垄断利润和背叛利润为仍由式（4.6）和式（4.13）给出。

本书仍使用最优触发策略均衡，惩罚阶段是永远回到单期纳什均衡。根据如何触发惩罚阶段的不同，均衡也不同。当厂商面对非常低的需求但没有观察到其他厂商价格时，它也许有理由相信其他厂商的背叛，希望去发动惩罚阶段。这是 Green 和 Porter（1984）建立均衡所使用的方法。在他们的研究中，厂商不可能观察到其他厂商的价格。在本书的研究中，假设因为市场透明程度的不同，厂商能以某个概率观察到其他厂商的价格。本书将研究这样一个均衡：当厂商确实看到其他厂商的背叛时，惩罚才被发动。因此，均衡策略如下：在第一阶段，厂商都选择合谋价格 p。他们继续合谋直到一家厂商

① ϕ_f 可以等于 ϕ_c 也可能不等于 ϕ_c。

选择降价而被另一厂商以某一概率所观察到。假定如果背叛被其他厂商所观察到，这个事实将成为厂商的共同知识（Common Knowledge）。例如以某一概率，一家报纸报道了这一事件，两厂商都知道了其他厂商观察到了这一背叛。因此，在下一期的开始，背叛的厂商知道是否它的背叛已被观察到。如果背叛被观察到，两厂商在随后各期选择纳什均衡价格。消费者的预期反映了这些。在厂商合谋阶段他们对价格的预期是两厂商都选择合谋价格，直到他们观察到一期的背叛并且其他厂商了解这次背叛。这之后消费者对价格的预期便是以后各期的纳什均衡。

现在假定厂商在垄断价格 p^m 上合谋。

定理 5.1：γ（ϕ_f）在 ϕ_f 上连续且递减。

证明：见附录。

由定理 5.1 可知：ϕ_f 越高，需要的最小贴现因子越小。即背叛被发现的可能性越小，合谋越难维持。这表明，即生产者方透明度越高，在垄断价格上的合谋越稳定。

现在假设 $\delta<\gamma$，即在垄断价格上的合谋不能维持。

定理 5.2：p（ϕ_f）在 ϕ_f 上连续且递增。

证明：见附录。

由定理 5.2 可知，这说明生产者方透明度越高，市场透明度越高，通过合谋实现的受限制的垄断价格越高。

因此，可以如下结论：生产者方透明度越高，合谋越容易维持。

第四节　双方透明度效应的比较

如果消费者和生产者对价格信息都同等容易得到的。这可以用随意选择的消费者知道价格的概率 ϕ_c 与背叛被发觉的概率 ϕ_f 相同来表述。当 $\phi_c=\phi_f=\phi$ 时，双方的透明度是相同的。

定理 5.3：γ（ϕ）在 ϕ 上连续且递增。

证明：见附录。

现在假设 $\delta<\gamma$，即在垄断价格上的合谋不能维持。

定理 5.4：p（ϕ）在 ϕ 上连续且递减。

证明：见附录。

由定理 5.3 和定理 5.4 可知：如果双方透明度相同，透明度同等程度的增加将使合谋难以维持，因此市场透明度的增加有利于消费者而不利于厂商。

如果生产者比消费者更容易得到价格信息，即背叛被发觉的概率 ϕ_f 大于随意选择的消费者知道价格的概率 ϕ_c，则可得：

定理 5.5：如果 $\phi_f > \phi_c$，则 $\gamma|_{\phi_f > \phi_c} < \gamma|_{\phi_f = \phi_c}$，$p|_{\phi_f > \phi_c} > p|_{\phi_f = \phi_c}$

证明：见附录。

由定理 5.5 可知：如果生产者比消费者更容易得到价格信息，即如果生产者透明度高于消费者透明度，那么与双方透明度相同的情况相比，合谋将容易维持，即有利于厂商而不利于消费者。

第五节 案例研究：速成混合水泥行业生产者方透明度①

在存在产品水平差别的市场上，生产者方透明度的提高将有利于合谋。在 20 世纪 90 年代早期，丹麦反垄断当局发现在速成混合水泥行业（Ready – Mixed Concrete）存在着缺乏竞争的证据。当局特别担心长期的秘密折扣行为。在 1993 年，丹麦反垄断当局当时比较强调透明度在促进竞争方面的作用。反垄断当局决定搜集和出版在丹麦三个地区的两个等级的速成混合水泥单个厂商交易价格。目的是想让参加交易的消费者了解价格，希望这将通过引导买者来施加降价的压力。然而，与他们目的相反的结果出现了，在 6 个月中，平均价格上涨了近 15% ~ 20% 。而当时的年通货膨胀率为 1% ~ 2% ，投入成本保持稳定略有下降。

可以排除通货膨胀或增加的成本造成的价格上涨。因为速成混合水泥仅仅能在较短的距离内进行运输（20 ~ 30 公里，取决于当地的交通条件），竞争是本地化的，即这个市场是存在产品水平差别化的市场。在 Aarhus 市相关的市场上，仅有四家厂商，他们都得到了价格报告。这四家厂商于是组成了一个寡头。提高的透明度导致的价格合谋。当价格最初被广泛分发，在印刷后一年，厂商们似乎就合适的价格达成了一致。

最终由于透明度的提高，厂商也停止了给予大的折扣的行为。如果停止折扣行为是目的，那么竞争当局可以说是成功的。然而，实际上，他无意帮助了厂商通过提供可靠察觉而减弱了竞争，这对于合谋来说是至关重要的。这个案例表明存在产品水平差别化市场上，生产者透明度的提高有利于合谋的稳定性。

---

① 参见 Albæk，S.，H. P. Møllgaard，P. B. Overgaard，Government – Assisted Oligopoly Coordination? A Concrete Case，The Journal of Industrial Economics，1997，4：429 – 443。

第六节 结论与政策含义

一、结论

本书主要分析了存在产品水平差别化市场上，生产者方市场透明度对合谋稳定性的影响。结论如下：①当消费者方透明度不变时，生产者方透明度的增加有相反的效应。透明度越高，从合谋均衡中的背叛行为越容易被发现，这有利于合谋而不利于竞争。②如果双方透明度相同，透明度同等程度的增加将使合谋难以维持，因此市场透明度的增加有利于消费者而不利于厂商。如果生产者比消费者更容易得到价格信息，即如果生产者透明度高于消费者透明度，那么与双方透明度相同时的情况相比，合谋将容易维持。

二、政策含义

（一）对电子商务市场的反垄断政策

电子商务的快速发展增加了许多市场的透明度。在此之前，消费者需要花费大量的时间在产品市场上进行搜寻，以找到使其效用最大化的产品。而由于大量进行价格比较的网站如雨后春笋般地出现，人们只需轻点鼠标即可完成价格搜寻的全过程。同时，消费者权益保护机构也在很多方面开展尝试，以使市场更加透明。例如，消费者权益保护机构通过专业杂志、新闻发布会或专业网站来发放产品信息。

当电子商务开始起步时，许多经济学家认为电子商务市场将是完全竞争市场，完全的市场透明度将使价格降低到边际成本为止。然而，这样的“完美世界”从来没有在电子商务市场上发生过。这也许与电子商务市场上的合谋问题有关，不管是 B2C（The Business to Consumer）市场还是 B2B（The Business to Business）市场。

在网络经济中增加的市场透明度包括一个基本的权衡，它正在被反垄断当局所认识到。对于网上 B2B 交易，美国联邦贸易委员会（FTC）认为，“非常明显的是，B2B 交易非常具有反竞争性，这样的安排能引起在实际的或潜在的竞争者间的反竞争的信息共享。它能提高价格、产量或其他竞争变量合谋的可能性，损害消费者的利润。通过网站，生产者将容易地获得关于成本和价格信息，这将增加生产者合谋的动力和能力。”

欧盟委员会也表达了对市场透明度的一些疑虑。对于正在发展的网上交易，负责竞争的委员 Mario Monti 注意到："如果对卡特尔进行具体分析，我们必须考虑到新技术的影响。在一些合谋的案例中，新技术使合谋更容易形成，因为新技术提供了快速的信息分发，在市场上创造了更多的透明度。"（Monti，2001，第 16 页）。

丹麦反垄断当局（The Danish Competition Authority，DCA）在最近的公众声明中指出，对于 B2B 交易有几个问题值得注意，这个问题包括谁组织交易，什么样的价格信息能被获得，从能够进入和汲取信息从给定的网站上。特别值得注意的是，与网上交易相连的增加的市场透明度（关于价格或商品特性）也许不是有意去减缓竞争。相反，它试图使价格比较变得容易。但是，在实际的案例中，最终的影响也许是有利于合谋的。

Kuhn 和 Vives（1995）对网上交易的信息分发和市场透明度问题的研究主要集中在信息交换的内容上。从交换的信息内容，反垄断当局应该衡量这种信息对社会有利的（比如允许潜在消费者去计划和防范风险，或者是主要服务于厂商间的平行价格调整，或者是用早于达成默契性的合谋结果）。Halliday 和 Seabright（2001）对他们这种基于内容的方法表示怀疑。他们认为，信息本身并不是坏的，关键在于如何使用信息交流。这与我们的理论模型是相符的。快速的信息分发也许主要被消费者利用，因此给厂商施加降价压力。另一方面，这种信息也许会被厂商利用去实行合谋。

从本书的结论可以看出：

对于 B2C 市场而言，消费者通过使用自动搜寻软件（如 Shopbots），表面上享受了低搜寻成本、较快地价格寻找和随后增加的生产者间的竞争，但是，生产者也许能从中获得更大的利益。如果生产者能够比消费者更加频繁地使用 Shopbots，所以大多数消费者有机会了解价格，转换供应商之间，生产者能够很快地了解价格变化[①]。一旦他们了解到对手的降价行为，他们将会以更快地速度和更低的菜单成本去改变自己的价格[②]。这意味着与提高消费者方透明度相比，电子商务也许最终更能提高生产者方透明度，它能使生产者更容易、

① 其他的潜在因素包括：第一，生产者将发现非常容易从事各种用户定制和价格歧视（参见 Ulph 和 Vulkan（2000））使电子商务市场上的消费者很难进行价格比较。第二，生产者可以选择阻塞消费者从不受限制的入口进入他们的网站。第三，生产者能够进行一些迷惑措施，例如他们可以首先以低价吸引预期的消费者，然后又以保险、发货条件等诱使消费者以高价购买（参见 Ellison（2001））。第四，消费者将很难在电子商务市场上检验价格信息。

② Varian（2002，145－148）探讨了 Shopbots 是如何有害于而不是有利于消费者的，而且提供了一些证据来支持 B2C 市场上的生产者能够很快地和更频繁地改变价格去回应对手的价格。Rey 和 Tirole（2000，31）也提出了相同的观点。

更便宜、更快速改变价格对应于竞争对手的价格，因此将会形成合谋。因此，评价增加的市场透明度的影响，应该考虑它对消费者和生产者了解价格的时间和方式的影响和它对双方对价格变化的反应能力。

相对于B2C市场，B2B市场所造成合谋的危险要更大一些，因为它造成了生产者和消费者间价格信息的不对称。如Covisint电子商务网就一个由全球约半数左右的汽车制造商发起组建的电子商务网，汽车制造商通过信息共享，尤其是关于横向竞争者之间成本、产量、销售额和价格信息的交换与共享，非常容易引起合谋的危险。但是如果所有者是第三方，那么第三方有强烈的动力去吸引更多的生产者和消费者，那么这种合谋的危险将会减少。

因此，电子商务市场的出现和繁荣使我们有必要重新思考对信息交流的竞争政策。在过去，反垄断当局能够容易地判断信息有利于生产者还是消费者，因此能够判断哪种类型的信息应该被禁止。但电子商务市场使这种判断变得困难，通过增加信息流和通过密码术（Encryption）有效地阻塞监督。更特别的是，反垄断当局规制电子信息交换内容的努力是很难启动的。任何信息能被以较低的成本译成编码。同样，政策对于口令保护的由厂商发起的聊天室的干涉是困难的。这种观点反应在FTC的报告中："聊天室很难去监控，信息会很容易地从聊天室的服务器上删除，因此如果信息经纪人操作得很快，禁止厂商间信息流是无效的。因此，反垄断当局应该做的是：确保所有的市场参与者获得信息。行业发起的信息很少会让消费者得到，但独立的信息也许不会这样。规制者应该确保信息通道的畅通和信息交换的所有权，而不用过分关注信息交换的内容。

（二）行业协会与生产者方透明度

随着中国市场化改革的不断深入，近年来中国一些行业频频爆发价格战，为了阻止这种恶性价格竞争继续蔓延，许多行业由行业协会出面制定"行业自律价"。之所以自称为行业自律价，是因为它一般都是企业在自愿和不自愿的基础上，为了避免"价格卡特尔"之称，通过"协商"而以"自律"为名义而达成的价格合谋。"行业自律价"作为一项政策手段，其目的是为了摆脱恶性竞争，优化行业资源配置。但在国际经济和法律环境下，反垄断法逐渐成为西方国家用以单方面迫使贸易伙伴向他们经济政策和体制看齐、以便打开对方乃至第三方市场的有用工具。如2005年年初，美国两家维生素C生产厂商对中国6家主要维生素C生产厂商和美国两家企业对17家中国镁砂和镁制品的出口企业提起诉讼，其中重要的依据是作为行业协会的中国医药保健品进出口商会和中国五矿化工进出口商会的参与促成了统一价格的形成①。中国行业协会所进行的“价格自律”行为一般只是对价格以及价格变动的范围做出了规定，而很少涉及一些更为精巧的策略安排，这样不但违反了中国现行的法律规定，而且会使合谋很难达成和稳定性较差。如果行业协会能利用信息交流、价格领导制等一些促进措施来加大对背叛者的惩罚力度和减少察觉背叛的时滞，加大市场透明度，能够保持行业自律价的稳定，并且能够避免反垄断的诉讼。20世纪早期美国食糖行业协会在促进在进行有效合谋方面的作用。这个协会没有直接决定价格，但它控制着旨在大力提高价格透明度以及使秘密削价难以进行的各种措施。

行业协会可以提供并相互交换成员企业的信息，进而有助于成员企业以更快捷的方式回应市场需求和经济变革，因此，行业协会是提高生产者方透明度的主要外部力量。②

1. 行业协会提高生产者方透明度的方式

从国外的情况来看，行业协会可以通过以下几种方式提高生产者方透明度。

（1）由行业协会牵头进行的信息交换

这主要是指由行业协会出面收集该行业成员企业关于价格、产量、收益以及其他相关因素的信息，然后将其发布给成员企业的情形，这种形式是行业协会最常见的提高生产者方透明度的方式。

利用这种方式，能够提高背叛被发现的概率，因此，非常有助于生产方透明度的提高。而且，从行业协会视角，提高生产者方透明度有利于在成员企业间形成诚信文化，并更易察觉欺诈者，进而有利于协会的团结和集体行动，有利于提高企业对未来的贴现因子，也有利合谋的稳定。

（2）关于未来商业计划的信息交换

行业协会提高生产者方透明度的第二种形式是由行业协会领导性企业在

---

① 这两家美国公司称中国6家主要维生素C生产厂商“在中国医药保健品进出口商会的组织下，形成卡特尔联盟，限产保价，操纵市场价格，使原告厂商支付的售价高于加入‘价格联盟’公司所给的售价”。出自 http://www.sina.com.cn，2005年07月05日09：51，新华网，“行业协调平息维生素C价格大战反而落入国外法律陷阱”。2005年10月，美国得克萨斯州动物科学产品公司和宾夕法尼亚州雷斯克公司对中国企业的此次起诉理由是，2000年以来中国镁砂企业在中国五矿化工进出口商会的指导下，先后成立了“中国镁砂出口联盟”和“中国镁砂论坛”，并利用定期开会、通信、电话会议等方式，合谋控制镁砂出口供应，使国际市场镁砂价格大幅上升，违反了美国《反托拉斯法》。出自新华报业网，2006-02-22 08：11：47。“行业自律别被误读”，http://www.xhby.net/xhby。

② 参见鲁篱，《行业协会经济自治权研究》，北京：法律出版社，2003年，第258~270页。

行业协会内部甚至公众媒体上宣布其未来的企业计划，如“我们计划下个月将本公司产品全面下调（下降）10% 等，这种对未来商业计划的宣布客观上昭示了该企业来来的商业信息，故而也被认为是提高生产者方透明度的方法之一。

未来商业计划的公布对于竞争是有益处的：它可以使市场上的其他竞争者迅速地了解领导企业的行动，从而可以采取相应举措来回应这一变化。如果领导性企业宣告的是降价信息，那么其他厂家的价格跟进行为便极易使市场重新回到宣告前的竞争均衡状态；反之，如果领导性企业宣告的是价格上升，而其他企业又没有跟进，如果领导性企业一旦发现自己价格上调行为有可能导致自己市场份额的大量地减少时，那么，它便可能撤回自己的宣告，而原有市场的竞争均衡也因之而得以维持，领导性企业价格上调的宣告将因其撤销而没有太多实际效果。

对未来商业计划的公布特别是关于价格信息的公布有可能使其他企业跟进领导性企业的价格计划，进而达到合谋，即使其他企业未降价或升价幅度与领导性企业计划不一致时，领导性企业相应调整自己计划即可形成价格的一致性，这样在结果上便易形成相同价格，从而具有反竞争的不良效应。

（3）行业协会出版或编辑价格指南

在一些行业协会运作中，其往往出版或编辑本行业产品或服务的价格手册，借以作为各成员企业定价之参照甚至标准，由于价格指南为成员企业提供了一个行业平均价的信息，因而其也应作为行业协会提高市场透明度的第三种形式。

（4）行业协会为成员企业信息交换搭建平台

如第一章所述，由于行业协会出面进行有关价格的信息交换往往被反垄断机构认为是故意形成价格卡特尔的主要证据之一，因而在对信息交换实行严格控制的一些国家，行业协会往往仅是为成员企业价格信息交换搭建一个平台，如在行业协会网页上或电子出版物上为成员企业显示自己的价格提供一个载体，成员企业可以在这种平台上显示自己的产品或服务的价格变化，并告之消费者和其他成员企业。行业协会这样做，第一，可减少行业协会被指控限制竞争的可能性；第二，行业协会的平台建设可以为成员企业迅速地了解市场信息并作出回应提供便利。

（5）行业协会成员企业相互交换职员

即将两个或多个企业的职员相互派驻到对方企业工作一段时间，然后再返回原属企业。互派职员有利于察觉行业协会成员企业是否存在欺骗行为，从而有助于提高生产者方市场透明度。

2. 对行业协会的反垄断规制

行业协会提高生产者方透明度的行为，也是各国反垄断法的规制对象。以美国为例。根据判例，行业协会的行为虽然没有形成公开合谋，但也将适用本身违法原则进行规制：第一，在一个高度集中的产业内且对该类产业的需求缺乏弹性，如果厂商之间交换产品价格标准化的数据，构成本身违法。第二，行业水平协议，该协议各方同意保持以前公布的价格和交易条款，即使该协议并未固定特别的价格和交易条款；第三，在行业内部协议中使用一种特别的价格，如双向定位价格机制；第四，行业内部协议终止使用赊销；第五，行业内部协议同意与特定的供应商被选出来以前，拒绝与潜在的客户讨论价格。

在美国，除上述情形外，其他的以非协议方式运作的，但有可能形成事实上的合谋或价格一致的行为则适用合理原则来判定，换言之，对于大量的提高生产者方透明度的行为是否规制主要取决于对该类行为进行的利弊分析。

（1）由行业组织牵头的信息交换

由美国最高法院在两个相隔不久的案例中做出了截然不同的判决，从中我们可以看出美国最高法院在处理此类事务的谨慎态度和取向的改变。

在 1921 年的美国硬木公司诉联邦政府一案中涉及的是美国硬木协会（American column & lumber Co. v. United States），美国硬木行业协会详细报告了每个交易的卖方及买主的姓名，会员的生产率以及存货数量，并且包括对未来产量的预计，协会在报告中清楚地表达其关注于产量过剩，并且成员偶尔被要求限制产量。但是，值得补充的是，美国硬木协会有 365 名会员，其产量仅占全美硬木产量的 1/3。

美国最高法院认为，美国硬木协会行为构成了限制竞争。在美国法院看来，行业协会出版信息的行为，其目的是计划提高价格，因为如果不是共同合谋，其根本没有必要交换如此详细的信息。尽管当时法院的少数派法官 Branseis 对此做出了合理解释并主张信息分享与竞争是相符的，但最终美国最高法院判定美国硬木行业协会的行为违反了《谢尔曼法》。

判决结果一经公布，在美国商界便引起激烈争论，一个主要批评意见认为仅占全国产量 1/3 的行业协会即使建立价格卡特尔，也不会对全国价格产生实质性影响。此外，由于当时政治上转向于对行业协会活动的支持。因而在 4 年以后的枫木地板制造商协会诉联邦政府（Maple flooring manufacturer’s association V. United States）一案中，虽然法院面临的案情与硬木行业协会一案极其相似，但其结果却正好相反。在本案中的行业协会仅有 22 名成员，但占据了全国 70% 的市场。协会成员分享关于成本、运费率、价格和数量的信息，同时也有会员会议讨论产业现状，但在这个案例中，美国最高法院在前述中的少数派变成了多数派，在他们看来，行业协会所进行的信息收集与传播没有达成或试图达成任何对价格或生产进行限制竞争的协议或秘密行动，从而也就没有从事对商业活动的违法限制，因而不构成违法。尽管美国最高法院还详细分辨了此案与前案的不同点：一是本案中并未公布购买者的姓名；二是本案公布的仅仅是已经完成的过去的信息而不是当前价格。

（2）未来商业计划的公布

关于未来商业计划的公布是否构成反垄断法规制的对象，在美国，法院主要是从以下几个层面进行分析的。

第一，关于未来商业计划的公布，如果在事实上形成相关厂商的一致行动，那么则可能被认定存在价格同盟的故意和行为。第二，如果关于未来商业计划的公告并没有导致相关竞争者一致的集体行动，则不被认定违反垄断法，在 United States V. General Motor corp 一案中，法院注意到被告虽有涉及价格与产量条款的公告，但他们公告与之后的行动并不一致，而且公告的背后还隐含着各自独立的经济理由和背景，用法院的话讲，即“对价格的公告不能与建立价格同盟的要约或信号等量齐观”。第三，如果关于未来商业计划的公布是发生在一个寡头的市场结构中，由于涉及的竞争者极少，因而美国司法系统以为在这样的市场结构中，提前公布未来商业计划特别是价格变化极易形成价格同盟，故而被认定违法。

（3）行业协会为成员企业信息交换搭建平台

对于企业在公共媒体上或行业协会的公开出版物上进行信息交流，在美国也有可能面临限制竞争的指控。在 20 世纪 90 年代，美国反托拉斯局对众多航空公司通过电脑公布费用相联系的“价格固定”进行调查，其指控的逻辑依据在于通过在电子版上公布和改变价格以及分类标准，航空公司之间将就费用达成（事实上）的协议。

对于联邦反托拉斯局适用本身违法原则来指控上述信息交流，学者提出了严厉的批评，在他们看来，对于涉及信息交流应当使用合理原则，而且就合理原则的分析，必须考虑以下一些因素：市场结构、市场力、受到指控的行为的任何实际效果以及利益、调查和指挥所需花费的成本、信息是否公开传播等。从总的取向来看，对信息交流政府在总体上应给与支持和鼓励，而不是过多的限制。

（4）行业协会出版价格指南

在美国，由行业协会出面制定价格指南作为成员企业定价收费的指导，往往要受到限制竞争的指控，甚至在一些案例中，法院使用了本身违法原则来判定。

在 United States V. Nationalwide Trailer Rental System 一案中，地方法院发现被告的行业协会向其成员发布了一项关于特定超时收费的租约，并且对建立在地区定价公式上的计算费率提出了一个“建议性工”费率项目，同时也没有证据表明存在关于固定费率项目的协议，但法院仍认为，公布、采用和传播该项目，虽然没有固定价格，但也阻止了价格竞争并由此构成了《谢尔曼法》的本身违法原则，此外，在 1968 年，美国联邦贸易委员会还禁止一个汽车维修协会发布“统一收费指南”，认为其会导致价格同盟。

值得指出的是，在美国，对于价格目录并非都适用本身违法原则，有时也以合理原则来处理。在 United States V. American Society of Aoesthesiologists 一案中，地方法院认为即使已经存在“相关价格目录”，但该目录是否一定会不合理地具有反竞争的效果尚不清楚，法院认为政府未能提供任何证据表明使用这种目录会提高或固定价格，因而，提供或出版价格指南是否构成违法，主要应当取决于是否有明确的证据证明该价格指南是否提高或固定了价格。

（5）相互交换职员的法律规制

各国对于董事的交叉任职大多是有所限制的，但对于高级雇员之间的互换行为却并未禁止，因而对于这类形式的信息交换原则上是允许的，但是，这类信息交换不可构成事实上的合谋，特别是关于价格和产量的合谋，否则，其仍会受各国反限制竞争法的规制。

因此，针对西方国家对行业协会增加生产者透明度行为的反垄断规制，行业协会可能通过许多方法加大生产者方透明度而使合谋稳定，而不必通过促使厂商签订价格协议，制定行业自律价等公开合谋的方法来使行业中的价格战次数减少，这样就可以避免许多国家的反垄断陷阱。但行业协会在使用各种方法提高生产者透明度的同时，应该注意各国对这种行为的垄断规制。

另外，行业协会采取措施限制消费者获得信息的可能性，而保持生产者市场透明度不变，会削弱竞争。不对称的价格透明度将产生反竞争的可能。即如果行业协会尽可能广泛地分享他们收集到的价格信息，而消费者很难获得这种价格信息，因此仍有利于合谋稳定性。

第三部分

实证研究

第六章　产品差别化、合谋与价格战——以中国轿车行业为例

随着中国市场化改革的不断深入，价格竞争逐渐成为许多企业主动或被动频繁使用的策略。近年来价格战成为各行各业间不断上演的产业舞台剧①。

价格战的频繁发生不仅影响企业的利润，减少企业创新能力，削弱企业的消费者忠诚度②，还影响整个行业的发展，导致社会资源的浪费。而且，在对外贸易的过程中，价格战所引起的产品的低价，极易遭到西方国家的反倾销调查。

所以研究行业价格战的成因，避免发生价格战是非常必要的。本章的目的旨在从产品差别化与企业间合谋的相互关系出发，以此来分析企业频繁选择价格竞争而难以进行合谋的原因，并探求解决中国企业频繁价格战的有效途径并期给出一些避免价格战的可行性策略建议。③

第一节　文献综述

对于价格战，学术界至今未能给出清晰而透彻的定义（Cliver P. Heil 和 Kristiaan Helsen，2001），本书按照 Porter（1983a,b）、Green 和 Porter（1984）的相关著述，以及有着开创性贡献的 Stigler（1964）的论文，认为价格战是指合谋中部分厂商发生了背叛行为，从而招致合谋集团内部其他厂商的惩罚。价格战一般伴随着普遍的降价行为，但是降价行为不一定意味着价格战。需求结构的变化会导致合谋不能够得以维持。为了维持合谋，新的价格协议降低了合谋价格，这种情况在现象上同样反映为全行业的降价行为。合谋失败的真正判断标准应该是厂商做出了背叛合谋的行为，并由此遭到其他厂商的

① 安同良、杨羽云，易发生价格竞争的产业特征及企业策略，《经济研究》，2002 第 6 期。

② 江小涓、刘世锦，竞争性行业如何实现生产集中对中国电冰箱行业发展的实证分析，《管理世界》，1996 年第 1 期。

③ 本书的研究并不涉及价格战对社会福利的影响，仅仅是从生产者福利的角度来考虑的。

惩罚①。

对价格战的研究一般包含在微观经济学、产业组织理论的寡头理论中。中国学者在这些理论基础上对价格战的成因展开了大量的研究，其中具有代表性的观点如下：

张维迎和马捷（1999）从产权角度分析了恶性竞争②发生的具体条件和福利效应。他们认为，传统的理论之所以不能解释恶性竞争，是因为它把企业的目标归为最大化利润函数。利润最大化当然是对私有企业良好的抽象的描述，但用它来表述国有企业的目标却是不合适的。国有企业是所有权和经营权分离的企业。所有权与经营权的分离以及由此导致的经营决策过程的复杂性，很可能导致企业偏离利润最大化选择。他们认为，实际上国有企业的实际控制权就掌握在政府部门或政府部门任命的厂长、经理们手中。如果拥有控制权的国有企业厂长、经理在企业销售收入中占有的比例大于他们在企业成本中承担的份额，即由于经理的权利与责任不对称，就有可能导致价格战的出现。国有企业经营者们在企业权利和责任关系上的“负赢不负亏”程度愈大，经营者愈有可能卷入价格战。

江小涓和刘世锦(1996)认为中国不同行业价格战的根本原因是行业存在相对过剩的生产能力造成的。而生产能力过剩的原因一方面在于企业的过度进入：较大赢利潜力的行业加上市场的低进入壁垒吸引了众多企业蜂拥而入，造成市场中从事生产经营活动的企业数量太多，多数企业效益低下甚至亏损，为了生存不得不采取各种恶意的或破坏性竞争手段。另一方面在于退出障碍：由于资产专用性所导致的沉淀成本存在，造成企业资产的贬值，以及资产转让市场不发达，交易费用过高，增加了退出的难度，同时，企业退出所增加的失业极可能导致严重的社会和政治问题，因此，地方政府不情愿企业的退出，导致行业生产过剩，这必然加剧企业间的竞争。

还有一些学者对行业的价格战进行了实证分析。王伟光（2001）对中国彩电业进行了实证，认为价格竞争是结构性“过剩经济”中企业典型的竞争策略。谢伟（2001）以彩电业、轿车业为实证，从技术追赶和技术约束的角度探讨了价格战的技术约束原因。安同良、杨羽云（2002）采用新产业组织的行为主义分析框架，以价格竞争中最为激烈的彩电行业为案例，讨论易发

① 另外还可参见 Dobson 和 Sinclair（1990）。

② 张维迎将恶性竞争定义为企业竞争压价，最终导致价格小于边际成本。并且，他认为：“行业自律价”不是遏制恶性竞争的好方法。因此，笔者认为，他所指的“恶性竞争”与“价格战”是同义的。

生价格竞争（价格战）的产业特征，这些产业特征包括产品差别、产业生命周期、市场集中度、厂商的生产规模、企业的进入与退出壁垒、企业相互市场势力等。

国外学者 Green 和 Porter（1984）、Rotermberg 和 Saloner（1986）和 Slade（1989）主要是从价格战发生的需求周期性方面做了模型化处理。

在 Green 和 Porter（1984）的“衰退时期价格战”模型中，产品是同质的。厂商不可观察其竞争对手的产量，只能够通过自己的销量和市场价格来判断对手的行为。厂商之间建立了合谋协议之后，如果有人背叛了合谋，私自提高产量，那么价格就会下降。一旦价格低于某个“触发”的水平，厂商就会对其实施惩罚策略。这样，如果外生因素发生了不可预料的变化并导致需求大幅衰退，这时厂商会发现市场价格下降。由于厂商不能预料这是外生因素变化的结果，他会误认为价格下降是由竞争对手背叛合谋扩大产量造成的。基于这个误判，他对其竞争对手进行惩罚，从而导致价格战爆发。

与此对应，Rotermberg 和 Saloner（1986）提出的“繁荣时期价格战”则是一个真正背叛的模型。在它们的模型中，需求的意外变动使得厂商的短期背叛收益大大增加。当短期背叛收益增加到超过未来惩罚损失的时候，厂商选择背叛是最优的，从而意外的需求繁荣会使得合谋破裂并引发价格战。

Slade（1989）的研究表明，价格战可以作为对需求的不连续随机波动的最佳反应。在他的模型中关于价格战的动态描述与许多发生价格战的市场上程式化了的事实相类似。首先，价格在多个时期的较长时间内是稳定的；然而当价格战开始后，则会有大幅度的价格波动。其次，在价格战期间，各企业的行为类似于“以牙还牙”。最后，当学习过程结束后，价格战会自然终止。

本书认为：行业生产能力过剩是价格战的成因之一，但并不是价格战发生的充分必要条件，即使在某些垄断程度较高的行业，价格战也可能发生，如电信行业，是垄断程度相当高的一个行业，中国电信由于有多种业务，其就有可能使用交叉补贴的方法与业务单一的联通展开价格战。所以，单从生产能力过剩是不能得出价格战必然发生的结论。而从产权结构的扭曲来探求价格战的产权基础，这一分析可以解释中国国有企业的贴现因子较低的行为，但不同理解其他类型企业的价格战问题。安同良的研究几乎全面总结了中国价格战的成因，但并没有深入研究其中的机理。因此，本书从产品的角度来探求这一现象的根源，分析产品差别程度对企业间选择合谋还是竞争的影响。

第二节　中国轿车行业的市场结构

汽车工业是一个产业关联度大、对整个国民经济极具影响力的产业，而轿车产业则是汽车工业的最重要的组成部分。1985—1992 年，是中国轿车产业起步增长阶段。1992—1997 年，是我国轿车工业快速发展的时期，年均轿车产量均增幅达到了 21%。1997 年以来，中国轿车市场发生了积极的变化。尤其从 2001 年开始，各轿车生产厂商之间的激烈竞争使得中国轿车市场这块"蛋糕"越做越大，伴随着我国国民经济的发展和人们生活水平的提高，轿车市场开始显示出前所未有的发展势头。

多年来我国政府一直在两个层面上对汽车产业实施严格的行政性进入限制：

（1）严格的投资审批制度。对轿车、轻型车、整车及发动机投资项目，一律由国家审批立项。这一政策的初衷是通过行政审批来限制社会资本盲目进入汽车生产领域，改善汽车产业"散、乱、差"局面，但却严重弱化了市场竞争，在轿车产品细分市场上，由于行政性壁垒的存在而呈现出明显的竞争不足。政府对一汽、二汽和上汽等大型国有企业进行一系列的政策扶植和倾斜，而民营资本则面临着高昂的行政性进入壁垒以及政策歧视。

（2）严格的目录管理制度。即只有政府有关部门认可的特定企业和特定产品，才能开工生产和销售，同时，生产企业开发新产品也受到严格限制。这种行政性限制大大削弱了市场经济条件下企业在"谁生产、生产什么和如何生产"上的自主权，进而削弱了竞争机制的形成。

1988 年，国务院在《关于严格控制轿车生产点的通知》中明确提出了轿车生产布局的"三大三小"战略，即国家只支持一汽、二汽和上汽 3 个轿车生产基地（三大）和北京、天津、广州 3 个轿车生产点（三小），而不再批准任何其他生产点。1989 年 3 月发布的《产业政策要点》把已经批准的轿车项目列为国家重点支持项目。此后，1990 年国务院颁布《90 年国家产业政策》和 1994 年颁布的《汽车工业政策》仍然沿用相同的思路，严格限制定点企业之外的进入者。

90 年代后期，中国轿车市场的迅猛发展吸引了世界各大轿车生产厂商争先恐后的进入中国市场。随着国际汽车厂商大量进入中国，原先规划的"三大三小"格局迅速瓦解。2002 年，世界汽车业排名靠前的 6 大（通用、福特、戴姆勒—克莱斯勒、大众、丰田、雷诺—日产）3 小（PSA、本田、宝马）跨国汽车巨头全部进入中国，完成其在中国的战略布局，初步划定自己的势力范围。伴随着跨国汽车公司的进入，中国汽车工业在兼并重组中凸显了以一汽、东风、上汽三大集团和广州本田等6家独立厂商为市场主体的中国汽车“3+6”格局。

从产权结构上看，中外合资企业占据了绝大部分的市场份额（80%左右）；在合资企业中，中方与外方大多各占一半的股权比例。这样，合资企业的经营策略既受到中国汽车产业集团的影响，又受到外资汽车产业集团的影响。掌握核心技术的外资方一直试图获得更多的控制权，但是由于产业政策的限制，外资的股权比例不能超过50%①。与此同时，产业政策通过限制外资集团合作伙伴的个数（不能超过2个）来控制外资在中国市场上的扩张②。

因此，在这种规制下，中国轿车生产企业通过两种资本纽带联结在一起。

其一是内资纽带，可以将国内所有汽车厂商分为三大汽车产业集团（一汽、上汽和东风）与其他集团（长安、北汽、广汽、南汽等）两类。按照这条资本纽带，内资三大集团的市场份额在60%~75%（见表6-1）。

表6-1　内资三大集团的市场份额　（%）

厂商	2002年上	2002年下	2003年上	2003年下	2004年上	2004年下
一汽集团	27.3	28.4	24.2	27.2	21.3	26.1
东风集团	11.0	11.5	11.7	7.9	9.9	11.2
上汽集团	35.5	39.5	31.1	28.8	30.3	26.0
三大集团合计	73.8	79.4	67.1	64.0	61.4	63.3

资料来源：王皓和周黎安（2005）。

其二是外资纽带，可以将国内所有汽车厂商分为“6+3汽车集团”与无外资厂商两类。按照这条资本纽带，外资“6+3汽车集团”③的市场份额在75%~85%（见表6-2）。

① 参见1994年《汽车工业产业政策》第32条，2004年《汽车产业发展政策》第48条。

② 参见1994年《汽车工业产业政策》第29条，2004年《汽车产业发展政策》第48条。

③ 大众、通用、福特、雷诺—日产、丰田、戴姆勒—克莱斯勒6大集团和PSA标致雪铁龙、宝马、本田3个独立厂商。

表 6-2　外资“6+3集团”的市场份额　(%)

厂商	2002年上	2002年下	2003年上	2003年下	2004年上	2004年下
大众	39.5	43.9	33.7	34.7	24.6	27.5
通用	19.5	22.4	19.4	18.4	20.5	14.7
福特	—	—	0.6	1.1	2.1	1.7
雷诺—日产	7.3	4.7	7.4	7.1	7.9	6.9
丰田	—	6.6	2.1	2.9	3.3	3.5
戴姆勒—克莱斯勒	1.8	5.3	6.0	7.7	9.4	11.5
PSA标致雪铁龙	6.7	3.0	5.5	5.0	3.8	4.2
宝马	—	—	—	—	0.4	0.3
本田	5.6	2.2	5.1	5.1	6.5	10.5
外资厂商合计	80.4	88.2	79.8	81.8	78.5	80.7

资料来源：王皓和周黎安（2005）。

由以上分析可以看出，无论是内资纽带还是外资纽带，中国轿车行业的市场结构是政府规制基础上的寡头垄断结构①。

第三节　中国轿车行业的价格战

一、轿车市场的竞争格局假设

在2002—2004年，轿车行业的竞争格局发生了重大改变。经历了2003年的高速增长（产销量分别增长83.25%和75.28%）之后，2004年，各轿车厂商纷纷大幅降价，产销量急剧下降（产销量分别增长14.11%和15.50%）。对于这种现象，有人认为国家宏观调控及消费者的持币选购是造成这一回落的主要因素。王皓和周黎安（2005）认为，2004年中国轿车行业发生了价格战。

根据中国轿车行业的制度背景，以资本纽带来划分合谋集团构成。这样在两个可能的合谋集团。其一是以内资为纽带的，以“三大集团”为表现的合谋集团；其二是以外资为纽带，以“6+3”为表现的合谋集团。因此，对

① 干春晖，等. 中国轿车工业的市场结构、行为和绩效分析［J］. 上海管理科学，2002（4）。

厂商行为作如下假设：

假设 1：在国内三大汽车集团公司中，每个汽车集团所控制的厂商构成一个合谋集团，在集团内部完全合谋。集团之间也进行某种合谋。非集团厂商之间以及集团厂商和非集团厂商之间进行价格战。

假设 2：在国内三大汽车集团公司中，每个汽车集团所控制的厂商构成一个合谋集团，在集团内部完全合谋。集团之间进行价格战。

假设 3：世界"6+3"汽车公司分别构成 9 个集团，每个集团所控制的厂商一个合谋集团，在集团内部完全合谋。集团之间进行某种合谋。非集团厂商之间以及集团厂商和非集团厂商之间进行价格战。

假设 4：世界"6+3"汽车公司分别构成 9 个集团，每个集团所控制的厂商一个合谋集团，在集团内部完全合谋。集团之间进行价格战。非集团厂商之间以及集团厂商和非集团厂商之间进行价格战。

假设 5：所有厂商合谋。

假设 6：所有厂商价格战。

二、模型与检验

对于轿车行业的合谋与价格战的实证分析具有开创性的研究来自于 Bresnahan（1980，1987）。他考查了美国轿车行业 1954—1956 年的竞争格局，发现 1955 年美国轿车行业出现了短暂而激烈的价格战。其模型中的理论结构假设产品规格是一个事前决定的变量（它是产品开发设计的结果，而开发计划是在汽车出现在市场之间的某个时间就开始制定的）。产品类型被当作质量的向量，对此假定所有消费者都同意。因此，这个模型就成为纵向差别的模型。工程规格作为产品质量的代表被采用。

按照 Bresnahan（1980，1987）的方法，各种产品按照其质量指标从低到高进行排序。由于轿车质量是不可观测、很难量化的，我们用轿车的物理特性来加以衡量。我们采用车长、车宽、车高、车重、轴距、发动机功率、排量这 7 个指标作为轿车的质量指标，对所有的指标进行主成分分析（Principal Component Analysis），并取其第一主分量作为排序的标准和质量的指标（见表 6-3）。

表 6-3　七种车型物理指标的主成分分析结果

主分量	2002 年上	2002 年下	2003 年上	2003 年下	2004 年上	2004 年下
第 1 主分量	84.68%	82.99%	83.52%	81.66%	82.19%	81.94%
第 2 主分量	7.39%	9.25%	7.53%	7.90%	7.15%	7.58%

续 表

主分量	2002 年上	2002 年下	2003 年上	2003 年下	2004 年上	2004 年下
第 3 主分量	4. 54%	5. 47%	6. 12%	6. 67%	6. 51%	5. 56%
第 4 主分量	2. 27%	1. 43%	1. 59%	2. 25%	2. 82%	2. 71%
第 5 主分量	0. 62%	0. 48%	0. 71%	0. 94%	0. 84%	1. 18%
第 6 主分量	0. 34%	0. 25%	0. 37%	0. 42%	0. 34%	0. 89%
第 7 主分量	0. 16%	0. 13%	0. 15%	0. 17%	0. 15%	0. 15%

在各个时期中，第一主分量的方差占全部指标的方差的 80% 以上。也就是说，它能够解释的所有指标 80% 变动。因此这是一个非常好的质量代理变量。

消费者之间的差别在于他们的支付意愿不同，这由他们在轿车品质与所有其他商品之间的边际替代率来表示。假定该边际替代率在零与某一设定的最大值之间均匀创面。给定两种在品质范围中相邻的轿车价格，在它们各自的价格上，可以直接找到恰好对这两种轿车无差别的消费者。因此，整个推导过程对每种轿车的需求曲线如第二章所描述的垂直差别模型的方法推出。

在厂商供给上，厂商成本函数包括质量和数量两个变量。固定成本相同，可变成本是质量的二次函数而且是数量的一次函数，这意味在质量上的边际成本支出是上升的。

在第二章模型的基础上，通过王皓和周黎安（2005）利用 2002—2004 年的轿车行业全部车型的数据和行为参数检验方法，对轿车市场竞争格局的 6 个假设进行检验，可以得出如下结论：

对国内的三大集团而言，在 2002 年期间，他们之间存在着合谋关系，但在 2003 年上半年就已经开始破裂，并且一直未能完全恢复合谋。在 2004 年上半年，他们之间呈现价格战的特征，而在此之前，它们的价格战假设被显著地拒绝。对外资集团而言，除了在 2002 年上半年以外，他们之间价格战的假设被拒绝。

由此可以得出：总的来说，在早期，轿车行业同时体现出“内资合谋”的特征。在 2004 年上半年，爆发了一次“以牙还牙”式价格战。价格战的原因极有可能是内资合谋破裂的结果。在价格战之后，轿车行业具备“外资合谋”的特征。

第四节　价格战的成因

一、需求冲击与价格战

在传统的价格战理论模型中，外生需求冲击是价格战的主要引发因素。因此，分析价格战期间内的需求异常波动具有重要意义。王皓和周黎安（2005）利用时序模型的异常点分析发现：价格战期间的轿车总需求低于预期值。根据这些结果说明：基于需求冲击的价格战解释不能令人满意。首先，繁荣时期价格战难以自圆其说，因为价格战期间并未产生意外的需求繁荣，而用衰退时期价格战来解释则会遇到更大的逻辑错误。衰退时期价格战的基础在于厂商之间的信息不对称，这种信息不对称表现为厂商无法将自己的产品和对手的产品区别开来，因此厂商无法判断自己产品的需求减少是由于意外的需求衰退还是由于对手违反了合谋协议。而对于轿车这种差别化产品来说，每个厂商生产的车型是不同的，分辨对手的销售量非常容易。而且，中国汽车行业每个月都要举行乘用车联席会议，通报各个厂商的生产和销售情况。这使得分辨对手的行为更加轻而易举。这样，衰退时期价格战的基础就不再存在。

二、产品差别化与价格战

在需求冲击的解释不能令人满意的情况下，产品差别程度的变化可能会提供一个更好的解释。从第二章的理论推导，我们可以得出：如果消费者足够富有，即消费者对产品质量的边际支付意愿足够高，那么，随着收入的增加，产品垂直差别水平的降低将使合谋难以维持，即产品垂直差别程度与合谋稳定性成正比。

通过王皓和周黎安（2005）的研究，我们发现，2004 年国内生产的轿车、车型数目是2000 年的6 倍，比2002 年则多出50% 左右（见表6 -4）。轿车车型的大量增加使得各个车型之间的差别化程度显著缩小。产品差别化程度的变化改变了厂商在合谋与背叛之间的权衡，这使得维持合谋的条件越来越苛刻。这个条件表现为厂商对长期收益的贴现因子是否高于某个临界值，而随着差别程度的减小，这个临界值越来越高。一旦这个条件不满足，厂商就会选择背叛，从而爆发价格战。

表 6－4　　轿车车型数目的变化

年份	2000	2001	2002	2003	2004
一汽集团	5	18	25	32	46
东风集团	2	9	13	12	16
上汽集团	6	8	11	18	19
其他厂商	8	21	36	49	42
轿车车型合谋	21	56	85	111	123

资料来源：王皓和周黎安（2005）。

三、产权与价格战

价格战之后以能够重新趋于合谋，是因为价格战之后的合谋集团要比原有的合谋集团更加看重长期的收益。外资集团之间更加容易形成合谋，原因在于外资集团对长期收益的贴现因子更高，所以能够在更加“恶劣”的情况下形成合谋。在占据绝大部分市场份额的合谋企业中，中资方几乎全部是国有企业性质。根据张维迎和马捷（1999）的分析表明，产权扭曲度与恶性竞争之间的关系表明国有企业之间容易发生恶性竞争。因此，国有企业的经理具有很强的“短视性”，他们并不在乎长期的收益，而更多地考虑在任期间的收益，这使得他们的长期贴现因子相对较低。这些结论说明内资纽带中厂商之间的合谋比较困难，而相比而言，外资纽带能够在更为“恶劣”的情况下实现合谋。

因此，一方面，在合资企业中，只有外资方有能力改变产品差别化的程度——中资方尚不具备开发新车型的能力，而外资方有大量的成熟车型可供选择，将这些车型逐步引入中国市场生产就改变了产品的差别化程度。这样，外资方通过有选择地引入车型，改变了市场上的产品差别化程度，使得合谋难以维系而爆发价格战。价格战使得企业的盈利水平急剧下降，这样为资本运作和行业整合提供一个更好的市场背景。另一方面，外资集团的长期贴现因子较高，使合谋更容易维系。在这两方面因素的影响下，一个新的以外资为纽带的合谋集团就产生了。

第五节　结论及政策含义

在本章，我们以中国轿车行业的价格战为例，检验了第二章的结论。即如果消费者足够富有，即消费者对产品质量的边际支付意愿足够高，那么，随着收入的增加，产品垂直差别水平的降低将使合谋难以维持，即产品垂直差别程度与合谋稳定性成正比。

企业合谋政策的失败，行业价格战的频繁发生，需要对过去的政策重新进行反思。

第一，通过技术创新扩大产品差别性，从而有意识地避免价格竞争所带来的产业冲突问题，也许是避免价格战的正确策略。企业应以核心技术开发为支撑，不断推出新产品或高档产品，以产品的更新换代来转移消费者对价格的注意力。企业可加大对核心关键技术的研发，在技术能力高度化（安同良，2002）的基础上，以水平差别化、垂直差别化等复合型差别化为手段，不断通过推出高档次的新产品，在消费者心中形成档次高低不同的产品序列，刺激消费者对更高质量产品的追求。在产品更新换代的同时，还可把降为较低档次的产品作为“战斗商品”，以还击对手的降价行为。Intel 公司每季度都会推出更高性能的 CPU 芯片，并降低低性能 CPU 芯片的价格，以还击老对手 AMD 的降价竞争，同时使利润的主要来源点向高层次产品转移。生产企业通过自己的研发活动，提升自己的技术能力，避开同步引进技术的简单技术跟随战略，推出功能更新、性能更好的产品，促进产品档次序列的形成，使企业对恶性价格战的“防火墙”更加坚固、厚实。

第二，为了提高企业的对长期收益的贴现因子，建立真正的资本市场和经营者市场，坚决推进国有企业改革，培育能够对国有财产真正负责的实体，有利于企业合谋的稳定，可以避免价格战的频繁发生。

第七章　产品差别化、市场透明度与合谋——以中国房地产行业为例

近年来，伴随着住房制度的改革和经济的高速成长，中国的房地产业出现了引人瞩目的发展。不仅房地产的成交量出现大幅增长，价格也出现了非常显著的上升。目前，中国一些大城市，如北京、上海、杭州等城市的房价已经相当于甚至高于美国中等城市的房价。伴随着房地产业的高速成长，房价问题成为中国房地产市场的核心问题。由于房价收入比（Price - Income Rate，PIR）过高，一方面不少地方出现了支付危机（Affordability Crisis）和住房困难问题，另一方面可能存在的房地产泡沫会危害经济发展。因此，如何抑制过高房价，让居民能够买得起住房，成为中国房地产市场的核心问题。

要抑制过高房价，必须弄明白房价的决定及高房价的成因。对于房价居高不下的成因，国内有以下几种基本观点：

一种观点认为，中国大城市的高房价是由于过高的土地价格造成的，因而政府对房地产市场的调控目标应该是降低城市的土地价格。这种观点是值得商榷的，因为高地价应该是高房价的结果而不是原因。实证研究也表明，当前一些城市房价居高不下主要并不是由于高地价所致。根据平新乔和陈敏彦（2004）的测算，自 1999—2004 年这 5 年时间里，中国的土地价格上升得并不快，大体稳定在 400 ~ 500 元/平方米的水平上，相当于整个建筑成本的（1100 元/平方米）的 40% 左右，但楼盘的均价自 1998 年以来却上升了 10% 左右，2001 年达到 2250 元/平方米。即使是保守的估计，房地产开发商的利润空间也在 600 元/平方米以上。因此，如果政府能够通过各种手段压低城市的土地价格，可能会进一步增加开发商的利润空间，但未必能显著降低房价。

另一种观点认为，调控房地产市场的思路是通过增加“经济适用房”的供给来抑制房价，这种方式可能是有效的，但同时会带来很多其他问题。首先，有关政府部门很难仔细核实经济适用房购买者的收入情况，很多高收入居民能够通过隐瞒收入而购买到经济适用房，使得这一政策偏离服务于中低收入阶层的目的。其次，低收入居民一般是均匀地分布在城市各个区域，而经济适用房楼盘只可能分布在几个有限的区域，这样势必给低收入购房者带

来很多交通上的不便。例如在北京市，一些经济适用房社区规划建筑面积达到数百万平方米，相当于小型城镇的规模。这些社区制造出巨大的上下班交通流量，形成“早晨出不来，晚上回不去”式的交通拥堵，这种状况十分不利于社区的长远发展。最后，经济适用房政策是中国政府以效率换公平的一个典型例子，它人为地背离了市场决定价格的原则，因而无疑会造成经济效率上的巨大损失。

针对房地产市场过热的状况，中国政府还试图通过增加“炒房”成本的方式来抑制对房地产的投机需求。可是，对房地产的消费需求和投机需求往往是很难区分开来的，抑制炒房的政策可能对房地产市场的正常运转产生负面影响。例如，增加房地产抵押贷款利率固然增加了炒房的资金成本，但同时也增加了自住型购房者的利息支出，并且还降低了人们对房地产的消费需求；另外，提高二手房交易所得税等手段能够压缩炒房的利润空间，但也会使房地产市场的正常交易行为受到影响，不利于资源的合理配置，使整个房地产市场的运转效率下降。通过抑制投机来调控房地产市场在特定情况下，特别是当泡沫现象非常严重时可能是有必要的，因为其效果能较快地体现出来。但是这种政策属于权宜之计，不应长期执行，否则会对房地产行业的发展产生不利影响。

本章认为，这些政策背后的理论基础是简单的供求分析。从供给的角度来看，开发商的高成本导致的高房价，所以通过降低房价和增加经济适用房可以增加供给。从需求的角度看，消费者的需求强大，所以通过增加“炒房”成本的方式来抑制对房地产的投机需求。但实际上，简单的供求分析只是“一个单点世界”（A One－Point World）的分析，而没有充分考虑供给和需求的空间分布（Dorward，1982；况伟大，2005）。从房地产市场的空间竞争角度进行分析是从 Hotelling 开始的。Hotelling（1929）首先讨论了线形城市（Linear City）双寡头的价格竞争，这种价格竞争类似伯川德竞争（Bertrand Competition）；他还考察了双寡头在价格合谋、限制性或掠夺性定价下的市场均衡。Salop（1979）发展了 Hotelling 模型，探讨了环形城市（Circular City）双寡头在位置固定下的价格决定问题，论证了市场均衡价格高于边际成本，并与市场上厂商的数量成反比。Losch（1954）在假定所有厂商的市场区域为六边形且固定不变的情形下，由于厂商的价格合谋或价格领袖制，导致了相邻厂商价格同升同降。Greenhut－Otha（1972，1973）在假定市场边界价格（Market Boundary Price）不变情形下，相邻厂商的价格反应是相同的。以 Wing（1961）、Alonso（1964）、Mills（1967）和 Muth（1969）为代表的所谓

"新城市经济学"（The New Urban Economics）的研究十分关注环绕市中心的城市房地产市场。他们的模型大都根据西方尤其是美国城市的特点，假设人们的工作地点集中于市中心，而居住地点集中在郊区，从而得出房屋的价格随着与市中心的距离增大而下降的结论。况伟大（2004）构建了一个一般性的空间竞争模型（Salop 模型）分析了空间竞争情形下北京市房价的决定，得出了空间垄断是北京市房价刚性的根本原因。汪浩（2005）根据中国房地产市场的特点，利用一个寡头竞争模型研究城市公共产品供给与房地产价格之间的关系。他的模型表明，城市交通条件的改善会加剧房地产楼盘之间的竞争，在其他条件不变的情况下，使得房地产价格有下降趋势。本书在这些研究的基础上，使用基于二次运输成本的 Hotelling 模型，利用重复博弈理论，认为：中国房地产市场的高度水平差别和较低的市场透明度是中国高房价的原因之一。因此，降低中国房地产市场的水平差别程度，提高市场透明度，有利于缓解中国的高房价。

第一节　中国房地产市场上的合谋

一、合谋的表现形式

（一）价格领导制

价格合谋是中国房地产市场的典型特征，合谋的促进措施则基本上是采取了价格领导制的方式。这种合谋可以直接暗地里协商，也通过公众媒体工具来达成。也就是说，由第一家在该区域开发的开发商（领导者）首先定价，后来者跟随领导者的价格。根据况伟大（2001）年对北京市房地产企业的调查可以看出，所调查的北京市 26 家开发商中，有 17 家开发商跟随其他企业的房价，占被调查企业数的 65%。由此可见，价格领导制是房地产开发企业较为常用的定价形式。而根据本书第一章的阐述，价格领导制是厂商合谋较为常用的促进措施之一，因此，可初步判断我国房地产市场上存在着合谋现象（见表 7－1）。

表 7－1　　北京市 26 家房地产开发企业的定价方式

定价方式	跟随其他企业定价	与其他企业共同定价	自己定价
企业数量（个）	17	2	7
所占比例（%）	65	8	27

资源来源：根据况伟大 2001 年《房地产开发企业调查问卷》结果进行计算整理。

（二）房地产协会的价格固定行为

在以价格领导制为主的合谋行为，还存在着由房地产开发商自发组织的价格联盟，也广泛存在着房地产协会的价格固定行为。如浙江慈溪市房地产协会计划建立一个“房地产市场价格协商机制”①。“房价协商机制”是在有关部门默许下由协会牵头推出的“托市措施”，目的之一就是压住房价下跌苗头，防止全市房价非理性下降。“房价协商机制”极有可能导致多家房产商相互串通、操纵市场价格。

（三）对降价行为的惩罚机制

据报载，北京市房地产市场存在明显的“价格联盟”。例如，鹏润家园的开发商为国美电器旗下的地产公司，该公司在推销鹏润家园时提出要延续国美电器一样的打折营销策略，5 折销售房屋。此价格策略一出，立即遭到周围开发商的口诛笔伐，在舆论上遏制鹏润家园的销售，最终，在周围来发商的压力下，鹏润家园被迫改变原定销售策略，将房价恢复成与周围楼盘相同的价格。② 另外，据上海青年报 2005 年 7 月 31 日报道，已经有数个新开楼盘不约而同实行幅度不小的优惠和降价举措。然而，一些周边楼盘则暗地里组织起“价格联盟”欲予以狙击。这种“惩罚机制”的机制的存在更加证明了合谋的存在。

二、房地产市场的垄断程度

价格合谋实质上是垄断。在垄断下，开发商必然索取垄断高价、获取垄断利润。中国房地产市场的垄断程度可以用勒纳指数、投资收益率和利润率来表示。

（一）勒纳指数（Lerner Index）

我们利用勒纳指数测度市场垄断程度。勒纳指数度量的是价格偏离边际成本的程度，其计算公式为：$LI=\frac{P-MC}{P}$，其中，P 表示价格，MC 表示边际成本。

表 7－1 显示：①1996 年以来，全国住宅市场的勒纳指数均在 0.3 以上，

① 该机制的运行内容包括，在协会内部举行待开楼盘定价协商制度和已开楼盘调价听证制度；争取获得政府有关部门授权，在企业资质审批、定级，以及行业从业人员的执业资格审核及年检等环节为协会争取发言权；对严重违规（如在协商定价基础上降价销售）的开发商，应予除名，并由协会向市政府建议该违规企业不得在本市继续经营，如不得参与本市开发土地竞买等。引自 http://bj.house.sina.com.cn/news/p/2005.01－04。

② 引自 http://secondhouse.soufun.com/secondhouse/news。

这说明房价中30%以上的部分为非成本因素。另外，住宅市场的勒纳指数呈上升趋势，表明商品房价格已严重偏离了边际成本，表现出垄断市场的特征。②北京、深圳和天津住宅市场的勒纳指数高于全国平均水平，表明这些城市住宅市场的垄断性高于全国平均水平（见表7－2）。

表7－2　　1996—2003年京、深、沪、津和全国勒纳指数

年份	北京	深圳	上海	天津	全国
1996	0.60	0.67	0.45	0.46	0.31
1997	0.69	0.63	0.34	0.46	0.34
1998	0.64	0.64	0.34	0.44	0.34
1999	0.66	0.57	0.36	0.52	0.34
2000	0.64	0.56	0.37	0.59	0.38
2001	0.64	0.54	0.41	0.56	0.42
2002	0.60	0.45	0.42	0.59	0.44
1999—2003*	0.55	—	0.53	0.56	—

注：1996—2002年数据是根据以下资料计算而来。上海市统计局编，《上海统计年鉴（2003）》，中国统计出版社，2003；深圳市统计局编，《深圳统计年鉴（2003）》，中国统计出版社，2003；北京市统计局编，《北京统计年鉴》，中国统计出版社，历年；国家统计局，《中国统计年鉴》，历年。＊部分为李宏瑾（2005）的研究。

（二）投资收益率

我们考察开发商所获取的垄断利润。表7－2表明，开发商投资收益率最高的是北京市，连年都在30%以上；投资收益率最低的为上海市，低于10%，这与上海市住宅市场较具竞争性有关；投资收益率居中的为深圳市，高于10%（见表7－3）。

表7－3　　1996—2002年京、深、沪投资收益率　　（%）

年份	北京	深圳	上海
1996	38	24.83	8.89
1997	34	22.09	5.46
1998	31	15.96	7.46
1999	32	9.99	2.61
2000	32	14.33	6.06
2001	—	13.12	7.18

资料来源：上海市统计局编，《上海统计年鉴（2002）》，中国统计出版社，2002；深圳市统计局编，《深圳统计年鉴（2002）》，中国统计出版社，2003；北京市统计局编，《北京统计年鉴》，中国统计出版社，历年；国家统计局，《中国统计年鉴》，历年。

（三）利润率

以福州市一个较有代表性的中档楼盘为例，考察房地产商的利润率，发现高达60%（见表7－4）。

表7－4　　福州市某楼盘的房地产成本清单

成本及利润	价格（元/平方米）	附注
地价	683	通过竞拍以每亩112.6万元购得这一地块，面积320余亩，小区规划建筑容积率为2.27，规划建筑密度为23.7%，总建筑面积为48.5万多平方米，其中商业建筑面积为1.45万多平方米。将地价摊入小区住宅建筑面积，可得出商品房的地价成本
土建和安装成本	875	主要包括因建房而发生的建筑安装工程费，包括建材费、人工成本、机器这项费用。主要包括使用费、公建用房建设费分摊、水电线路安装成本等。由于多层、小高层、高层等商品房类型不同，开发成本有差别
配套建设费用	486	主要包括勘察设计及前期工程费和住宅小区基础设施费两大项。这些费用大多为政府部门或指定单位收取，有较明确的收费标准
开发商的运营成本	390	主要包括开发商的管理费用、人头费用、广告投入、贷款利息、纳税等。虽然每个楼盘的运营成本有差别，但一般不会超过商品房销售价格的10%
成本合计	2434	
销售均价	3900	
利润	1466	利润率为60%左右

资料来源：http：//news. xinhuanet. com/newscenter/2005－08/24。

由此可以看出，在中国房地产市场上，房地产商的合谋造成了房地产企业的高额利润。

第二节　产品差别化、市场透明度和价格合谋

一、中国房地产市场的特点

总的来说，与发达国家不同的是，中国房地产市场是不完全竞争市场。发达国家的房地产市场大多相当成熟，房地产交易的主体是二手房。由于二手房市场上有大量的买主和卖主，任何一个买主或卖主都不能显著影响市场价格，因而这个市场可以用完全竞争的模型来描述。可是在中国，由于各种原因，大量的住宅是建在城区，而且一个房地产楼盘往往在周边地区有非常可观的市场力量。一个开发商经常可以控制几千甚至上万套房子的价格，因此完全竞争的模型不适用中国的房地产市场。据沈悦和刘洪玉（2004）的研究，近年来中国各城市住宅价格的高速增长已经不能很好地用经济基本面和住宅价格的历史信息来解释，这在一定程度上也表明了完全竞争的房地产市场模型在中国应用的局限性。

（一）房地产市场的空间竞争性

有些研究者在讨论中国房地产市场的市场结构时，认为中国房地产业的市场上有 3 万多家企业在竞争，而且前十位的企业所占的市场份额不足 10%，竞争性很充分，所以可以将中国房地产市场看作是完全竞争市场。但这种研究忽略了房地产市场的一个典型特征：开发商之间的竞争为位置固定的空间竞争（Spatial Competition）。也就是说，开发商只能和相邻企业进行竞争，而不是所有的开发商进行竞争。根据况伟大（2005）年对北京市住宅市场竞争方式研究发现，开发商均只将同一或相邻区域的开发商作为自己的竞争对手。例如，北京市北三环的开发商只能与北三环的开发商进行竞争。这说明只有相邻的开发商才构成实质性的竞争关系，距离较远的开发商则不构成实质性的竞争关系。因此，尽管中国住宅市场有 10 万余家开发商，但真正构成实质性竞争关系的只有周围少数几家开发商。

（二）进入和退出壁垒较高

由于房地产行业自身具有资金密集、开发规模大的特点，同时，中国政府对房地产企业的管理实行严格的行业准入制度，这样房地产市场存在着一定的进入壁垒；而房地产建设投资周期长的特点又决定了企业在退出房地产

时也存在着一定的障碍。而且，房地产企业的沉淀成本（Sunk Cost）巨大。[①] 根据况伟大（2005）对北京 27 家开发商的调查中，所有的企业都将卖不掉的商品房作为退出市场的首要壁垒。因为一旦新开发的商品房卖不掉，则可能造成烂尾或烂盘，开发商的巨额投资就可能无法收回，从而形成沉淀成本。北京市土地出让制实质上为许可证制，是由政府创造的进入壁垒。北京市协议出让的土地制度，造成了进入壁垒，限制了进入到市场中企业的数量，使得竞争不可能在更大的范围展开。

（三）消费者方透明度较低

房地产市场存在严重的信息不对称性，有利于泡沫的生成和膨胀。信息不对称，是指当事人双方都有一些只有自己知道的私人信息。总体而言，房地产市场的信息非对称状况，要比一般商品市场复杂得多。相对来说，房地产商更具有信息优势，而消费者或个人投资者则存在信息劣势。房地产商生产信息，通过广告、与媒体合谋、隐藏信息等行为制造某种信息优势，并利用信息优势来获取高额利润。而这种信息不对称，使消费者方市场透明度较低。而且，生产者方透明度要高于消费者方透明度。

（四）水平差别程度较高

现实情形是，政府通常是成片或大面积地出让或拍卖住宅开发项目，由一家开发商进行开发，致使企业间距太大，增加了开发商的空间垄断力量，所以房价很难降下来。据新华网记者在上海、北京、珠海等地调研发现，常常有很大的区域性地块被政府卖给同一家开发商，从而形成“垄断性开发”[②]。

（五）运输成本较高

由于中国城郊之间交通条件和郊区的市政设施供应不足，这种状况使得在市区工作的人们不能方便地到郊区安家，从而使得对房地产的需求不能充分向低成本的郊区释放，结果造成市区的房价居高不下。

二、基本假设

根据中国房地产市场空间竞争的特点，提出如下假设：

---

① 自 Baumol，Panzar，Willing（1982）提出“可竞争市场理论”（Theory of Contestable Markets）以来，沉淀成本已成为决定市场进退壁垒的重要因素。

② 如 2004 年下半年，珠海市将市区六七百亩的一个较大区域卖给号称“珠海地王”的开发商，地价高达十多亿元。这一开发商的负责人对外宣称：自己储备的可供开发的土地至少够公司开发六七年！

（1）房地产的产品差别是一维的，即除了在选址上的不同，不存在着质量上的差别。房地产的重新设计成本非常高，一旦选址建成，再变更地址是非常困难或几乎是不可能。因此，可以将产品差别程度看作是外生给定的。

（2）房地产企业数目为2（分别设为厂商1和厂商2）。假设没有进入或退出。

（3）每个房地产企业只生产一种产品。企业有不变的和相同的边际成本，不失一般性地被假定为0。

（4）房地产企业之间进行的是价格竞争，而不是产量竞争。

（5）假定消费者沿着一条长度为1的直线均匀分布，两企业在这个一维产品空间生产产品 a_1 和 $1-a_2$。假设每个消费者有一个单位的房产需求。

（6）假设消费者倾向于在工作单位附近居住，以减少上下班的交通费用。消费者购买其工作单位所在地的房产时，其上下班的运输成本（交通费用加上时间成本）为0。消费者所居住的位置与其工作单位所在地的单位距离的运输成本（包括时间成本）为 t，运输成本是二次的，这意味着当消费者偏离其工作单位所在地时，效用会加速减少。

根据第三章和第四章的推导，可以得出如下结论：

（1）当产品差别程度为外生变量时，产品差别有利于合谋稳定。当垄断价格不能维持，降低合谋价格将使厂商能成功地合谋。而且，产品差别程度越低，受限制的垄断价格就越低。由此可以看出，房地产产品的选址差别或水平差别越大，越有利于房地产企业的合谋。在水平差别给定的情况下，运输成本的下降不利于房地产企业的合谋。

（2）在房地产市场上，第一，消费者方透明度的提高使合谋难以维持，是有利于竞争的。第二，当消费者方透明度不变时，生产者方透明度的增加有相反的效应。第三，如果市场双方的透明度相同，增加透明度将使合谋变得难以维持，即透明度的增加无疑会对消费者有利而对厂商不利。如果生产者方透明度大于消费者方透明度，则相对双方透明度相同时，合谋容易维持一些，这将对厂商有利而对消费者不利。

结合中国房地产市场的特点，可以看出：

（1）中国房地产市场由于人为造成的产品水平差别是房地产市场合谋形成的原因之一。由于房地产的异质性和位置不动性的特征，房地产商之间的竞争主要是项目区位邻近房地产商之间的竞争，与项目区位较远的房地产商之间的竞争较弱。价格合谋是开发商的最优选择。价格合谋是开发商的最优策略，意味着开发商不打价格战，而是进行价格勾结，使其共同利润最大化。

因此，在房地产市场上同类项目只有少数房地产商进行竞争，形成了类似寡头垄断的区位市场结构。在这种市场结构条件下，房地产商通过默契合作，互相比照定价，实现了一种非正式协议的价格合谋，这种默契合谋定价获得了区位市场房地产商群体利润最大化的价格，从而使整个房地产业获取垄断利润。

（2）中国房地产市场的消费者方透明度不高也是房地产市场合谋形成的原因之一。一般来说，市场价格的合理性就在于它是交易双方自愿达成的结果，就在于这种成交交易者双方都能从这种自愿成交的价格分享到交易福利。但是，市场价格的合理性必须以市场关于商品的信息完全与对称，以及市场有无数个买者与卖者，即完全的市场竞争为前提的。这样，关于交易商品的信息都会汇集或反映到价格上来，这样的商品交易自然合理了。消费者没有能力识别房子的质量以及所购住房的技术含量，如果想了解相关信息成本极高，而房地产开发商对这些情况则了如指掌。在房地产开发成本方面更是如此。

如果生产者方透明度大于消费者方透明度，则相对双方透明度相同时，合谋容易维持一些，这将对厂商有利而对消费者不利。比如，近年来，各城市的房地产交易中心纷纷在网上公开房地产开发商的销售信息，足不出户可以了解全市的房价，方便了百姓。但负面影响也是巨大的，开发商也通过网络了解了其他楼盘和其他城市的房价上涨信息，而房市并没有类似股市的涨停板机制，原来一个月的涨幅，现在几天内就可实现。房价的过快上涨，信息盲目公开化难辞其咎。

第三节 结论及政策含义

通过对房地产市场的分析，本书认为，可以采取如下措施，来打破房地产行业的合谋，降低房价。

第一，因为当产品差别程度越大时，合谋易进行。要打破房地产行业的合谋，政府应在批地时，将项目划小，使产品差别变小，合谋难以维持。房地产寡头垄断的区位市场结构，使房地产企业普遍存在垄断利润，因而房地产交易价格必然超过其价值。政府要将房价降下来，应将大项目拆分成小项目，减少开发商之间的距离。政府应对土地和住宅开发许可证进行拍卖。同时，在拍卖时，政府应尽可能将大项目拆分成许多小项目，在同一区域或相邻区域营造相互竞争的氛围。例如，在拍卖10万平方米的住宅开发项目时，政府可将其拆分为10个1万平方米的项目，由10家开发商共同开发，共同竞争，而不是将其拍卖给一家开发商单独进行开发。最后，由于房地产开发没有规模经济，政府在拍卖住宅开发项目时，尽可能将大项目拆分成许多小项目，由不同开发商来开发，在同一区域或相邻区域营造相互竞争的氛围。为了做好这项工作，政府需要先完成“几通一平”以及公共设施的建设。只有当开发商为竞争而感到痛苦、为挣钱而感到困难时，这时的市场才是竞争性的市场、有效率的市场，才能将房价降下来。

第二，改善城市交通条件不仅能降低城市居民的交通成本，还能促进房地产商之间的健康竞争，防止房地产价格过度攀高。降低运输成本。其一，改善城市交通，尤其是大型楼盘之间的交通，让城市居民在购房时可以有更多的选择，从而促进楼盘之间的竞争。改善城市交通未必意味着修筑新的道路，更多的可能是优化道路设计，挖掘现有道路的通行潜力。其二，多建设连接城区和郊区的放射型交通干线，以增加城区与郊区楼盘之间的竞争，平抑城区的房价。放射型交通干线同时也增加了可供建造住宅的土地，从而进一步抑制房价的过度上升。其三，在住宅小区的规划上，应避免建设特大型居住区，多建设规模较小的居民区，使人们的居住地点能够更加贴近他们的工作地点。这样一方面减少了人们对交通设施的需求，同时也使得城市交通流量在区域上更加均匀，从而在不增加道路建设投入的情况下，有效地降低人们的交通费用。其四，政府应在各方面支持“卫星城”的建设，在郊区制造更多的工作机会，以缓解城区的人口压力。这样既可以降低对城区房产的需求，同时还能减少城郊之间的交通流量，从两方面抑制城区房价的过度攀升。“卫星城”的建设实际上是扩大城市的规模，对房地产市场乃至整个城市经济的长期发展有很大意义。

第三，从市场透明度的角度来看，政府应该从房地产市场的利益格局中退出来，在确保市场稳定和城市经济平稳的情况下，通过加强监管和适度限价，定期或不定期监测和公布商品房的成本主价格比，运用市场机制，逐渐建立商品房社会平均成本的有机调控制度，促进住房价格的合理形成和房地产市场的健康发展。公布房价成本不仅费力不讨好，且可能造成各种负效应。当前尤其要警惕的是政府介入过深可能诱发价格管制倾向。让房价成本信息透明化，可以让公众了解开发商各个环节的真实成本，解决信息不对称的问题，也有利于控制暗箱操作。也许有些开发商会嚷嚷，还有很多隐性成本没打进去，但事实上有些是浮动的成本，有些则是不合理的成本。国土部门将坚定不移地推进信息公开，不仅要求公布土地价格，公布土地供应量，今后还要公布土地开发的进度要求、土地供应计划等，让开发商对未来有个理性的判断。

第四部分

结语

第八章 结语

本书以非合作博弈论的思想方法严格地推演了产品差别化、市场透明度等市场环境对合谋稳定性的影响。并以中国的轿车行业和房地产行业为例进行了实施分析。

本书得出如下结论：第一，产品差别化程度与合谋稳定性是正相关的。在产品水平差别化的市场上，消费者方透明度的提高使合谋难以维持，是有利于竞争的。当消费者方透明度不变时，生产者方透明度的增加有相反的效应。透明度越高，从合谋均衡中的背叛行为越容易被发现，这有利于合谋而不利于竞争。第二，如果双方透明度相同，透明度同等程度的增加将使合谋难以维持，因此市场透明度的增加有利于消费者而不利于厂商。如果生产者比消费者更容易得到价格信息，即如果生产者透明度高于消费者透明度，那么与双方的透明度相同时的情况相比，合谋将容易维持。

市场环境对合谋稳定性的影响是非常复杂的，作者在对这一问题的研究对客观条件作了一些抽象假设。虽然这些规范化处理一般情况下不影响本书模型的有效性。但是，我们的目的不只是想阐明一些结论，更是希望探索一套适合对厂商策略性行为研究在中国的应用进行进一步研究的方法。

本研究不能说是一个十分完善而深刻的研究，它的初步性和局限性是十分明显的，但研究者殷切地期望后续研究能弥补本研究的粗糙，取得更加丰富而有益的研究成果和结论。作者希望通过以后的学习与研究，从理论模型的设计与实证研究两方面做进一步的探索。

在理论模型上：

（1）关于厂商的理性假设：博弈论的前提是局中人完全理性，这多少排斥了西蒙选择理论中的两条主要原理——人类的有限理性和决策过程的“满意”原则（次优原则）。作为一种可能的折衷方案，今后的模型设计应该更多地选择不完全信息博弈。

（2）关于策略变量的选择：在博弈中，厂商以价格还是产量作为策略变量，均衡点可能会发生很大的变化（伯川德均衡和古诺均衡）。本书遵循的是现在厂商博弈模型的传统做法，预先假定厂商的策略变量。关于本书不同策略变量的假定，第一章曾有详细说明。不过，如果将厂商的策略变量内生化，模型与现实的差距无疑会大大缩短。

（3）我们假设均衡是对称性，但这引出了两个问题。第一，这个博弈可能是不对称的（例如，由于内在的成本差别），或者由于更多的维度纳入研究范围而变为不对称（例如，当一个企业做出投资决策）。第二，选择有效均衡引出了“再协商”（Renegotiation）问题。再协商的可能性削弱了惩罚的力度，从而也削弱了不削价的动机。因此，合谋理论能在以下方面发展：第一，均衡选择问题（对每个厂商份额进行谈判），在不对称寡头中非常重要。第二，均衡执行问题，特别包括在不对称信息情况下的特殊交流。

（4）关于理论在中国的应用：国内市场的大小、国内经济发展水平不同等都可能会对市场环境产生重大影响；另外，将分析置于特定的政策环境之中也显得十分重要。

在实证研究上：

如上所述，既然默契合谋是指寡头垄断厂商以一种纯粹“非合作”的方式进行的合作，厂商能够仅通过观察（或预期）竞争对手的价格行为来相应地调整自己的行为。在这种情况下厂商不需要正式的书面协议，也不需要定期碰面商讨合作，只要双方都遵循一定的战略，在非合作前提下也会出现合作的结果，那么，对本书上述讨论问题，很难获得经验证据。几乎不可能对在什么样的市场环境下和什么行业，合谋更容易发生进行跨期的计量分析。不过，也有少数研究将这种不可能变为可能，成功地发现并分析了一些适当的数据。这些研究可以归纳为三类：①基于对一些合法但不被强制实施的卡特尔的研究，例如出口卡特尔；②基于对从反垄断案例中搜集到的数据的研究；③通过比较不同行业的特征而试图获得关于合谋的非直接的证据。但在中国现阶段，一是并没有建立有备案的出口卡特尔制度，因此不能获得此类数据；二是并没有建立反垄断法，因此，此类数据也不能获得；三是唯一能获得数据的来源是行业数据，但由于第一手数据较难获得，因此作者只选择了二个有代表的中国案例对模型的结论进行了检验。作者希望在今后的研究中，搜集更多更准确的行业数据，通过单个行业的微观数据分析或比较不同行业的特征而对中国的合谋问题进行实证研究，或运用丰富的数据进行对基于策略性行为的大样本的计量研究。

参考文献

[1] J. 卡布尔．产业经济学前沿问题研究［M］．中译本．北京：中国税务出版社，北京腾图电子出版社，2000：130 – 131.

[2] 杰恩·巴尼．获得与保持竞争优势［M］．王俊杰，等，译．北京：清华大学出版社，2003：333.

[3] 冯·诺伊曼，摩根斯顿．博弈论和经济行为［M］．北京：生活·读书·新知三联书店，2004.

[4] 泰勒尔．产业组织理论［M］．中译本．北京：中国人民大学出版社，1997.

[5] 丹尼斯·卡尔顿，等．现代产业组织［M］．中译本．上海：上海三联书店，1998.

[6] 劳杰·克拉克．工业经济学［M］．中译本．北京：经济管理出版社，1990.

[7] 刘易斯·卡布罗．产业组织导论［M］．北京：人民邮电出版社，2002.

[8] 方伟翰，哈拉德·维泽．市场竞争中的企业策略：博弈分析论［M］．上海：上海社会科学院出版社，2000.

[9] 干春晖．中国轿车工业的市场结构、行为和绩效分析［J］．上海管理科学，2002（4）.

[10] 干春晖，姚瑜琳．策略性行为理论研究［J］．中国工业经济，2005（11）.

[11] 干春晖．企业策略性行为研究［M］．北京：经济科学出版社，2005.

[12] 王伟光．结构性过剩经济中的企业竞争行为［J］．管理世界，2001（1）.

[13] 王传辉．反垄断的经济分析［M］．北京：中国人民大学出版社，2004.

[14] 王冰，杨虎涛．“合谋”的负面经济后果及对有关几种观点的评析［J］．学术研究，2003（9）.

[15] 王皓，周黎安．产品差异化、价格战与合谋集团的变迁［D］．工作论文，2005.

[16] 平新乔，陈敏彦．融资、地价与楼盘价格趋势［D］．北京大学中国经济研究中心工作论文，No. 1 C2004001，2004.

[17] 田志龙，等．寡头垄断行业的价格行为——对我国钢铁行业的案例研究［J］．管理世界，2005（4）．

[18] 白让让．边缘化进入、管制放松及基于可竞争性的产业成长：以轿车工业为例［J］．当代财经，2004（6）．

[19] 任剑新．企业战略联盟研究一个新型产业组织的典型分析［M］．北京：中国财政经济出版社，2003.

[20] 刘伟．经济运行中的反垄断问题研究［M］．上海：上海财经大学出版社，2004.

[21] 刘志彪，卡特尔．寡头合谋［J］．产业经济研究，2004（1）．

[22] 刘志彪．产业经济学［M］．南京：南京大学出版社，1996.

[23] 刘志彪．现代产业经济分析［M］．南京：南京大学出版社，2001.

[24] 安同良．企业技术能力：超越技术创新研究的新范式［J］．当代财经，2002（1）．

[25] 安同良，杨羽云．易发生价格竞争的产业特征及企业策略［J］．经济研究，2002（6）．

[26] 江小娟．经济转轨时期的产业政策［M］．上海：上海三联书店，1996.

[27] 江小涓，刘世锦．竞争性行业如何实现生产集中对中国电冰箱行业发展的实证分析［J］．管理世界，1996（1）．

[28] 况伟大．空间竞争、房价收入比与房价［J］．财贸经济，2004（7）．

[29] 张维迎．博弈论与信息经济学［M］．上海：上海三联书店，上海人民出版社，1996.

[30] 张维迎，马捷．恶性竞争的产权基础［J］．经济研究，1999（6）．

[31] 李宏瑾．中国房地产市场垄断程度研究——勒纳指数的测算［J］．财经问题研究，2005（3）．

[32] 杨农．企业合谋和价格战的动态分析［J］．预测，2001（6）．

[33] 汪浩．公共产品供给与房地产市场调控：理论分析与政策建议［J］．财经问题研究，2005（11）．

[34] 沈悦，刘洪玉．住宅价格与经济基本面：1995—2002 年中国 14 城市的实证研究［J］．经济研究，2004（6）．

[35] 周勤．这样的卡特尔为什么难以维持［J］．管理世界，2002（6）．

[36] 倪振峰．竞争的规制与策略［M］．上海：复旦大学出版社，1996.

[37] 蒋殿春．跨国公司与市场结构［M］．北京：商务印书馆，1998.

[38] 谢伟，吴贵生，张晶．彩电产业的发展及其启示［J］．管理世界，1999（3）．

[39] 鲁篱．行业协会经济自治权研究［M］．北京：法律出版社，2003.

[40] 1994 年《汽车工业产业政策》．

[41] 2004 年《汽车产业发展政策》．

[42] 欧共体委员会，竞争政策第 14 次报告．

[43] 上海市统计局．上海统计年鉴［M］．北京：中国统计出版社，历年.

[44] 深圳市统计局．深圳统计年鉴［M］．北京：中国统计出版社，历年.

[45] 北京市统计局．北京统计年鉴［M］．北京：中国统计出版社，历年.

[46] 国家统计局．中国统计年鉴［M］．北京：中国统计出版社，历年．

[47] ABREU D. Extremal Equilibria of Oligopolistic Supergames［J］. Journal of Economic Theory，1986，39（1）．

[48] AIDÆK S，H P MØLLGAARD，P B OVERGAARD. Government – Assisted Oligopoly Coordination? A Concrete Case［J］. The Journal of Industrial Economics，1997（4）：429 –443.

[49] ALBÆK S，H P MØLLGAARD，P B OVERGAARD. Law – Assisted Collusion? The Transparency Principle in the Danish Competition Act［J］. European Competition Law Review，1996（17）：339 –43.

[50] ALONSO，WILLIAM. Location and land Use：Toward a General Theory of Land Rent［M］. Cambridge，MA，Harvard，University Press，1964.

[51] ANDERSON S，RENAULT R，PRICING. Product Diversity and Search Costs：A Bertrand – Chamberlin Diamond Model［J］. Rand Journal of Economics，1999，30（4）：719 – 735.

[52] ASCH P，J J SENECA. Is Collusion Profitable［J］. The Review of Economics and Statistics，1976（58）：1 –12.

[53] AUMANN，ROBERT J. Game Theory，in John Eatwell，Murray Milgate and Peter Newman（Eds），The New Palgrave［M］. London：Macmillan Press，1987，2.

[54] BAIN. Barriers to New Competition［M］. Cambridge，MA：Havard University Press，1956.

[55] BAUMOL，PANZAR，WILLING. Contestable Markets and the Theory of Industry Structure［M］. New York：Harcourt Brace Jovanovich，1982.

[56] BAYE, MORGAN. Information Gatekeepers on the Internet and the Competitiveness of Homogeneous Product Markets [D]. Mimeo, Princeton University, 2000.

[57] BELTON, TERRENCE M. A Model of Duopoly and Meeting or Beating Competition [J] . International Journal of Industrial Organization, 1987, 5 (4).

[58] BESTER, H, PETRAKIS E. Price Competition and Advertising in Oligopoly [J]. European Economic Review, 1995 (39): 1075 - 1088.

[59] BRESNAHAN, TIMOTHY F. Departures from marginal——cost pricing in the American automobile industry [J] . Journal of Econometrics, 1981.

[60] BRESNAHAN, TIMOTHY F. Competition and collusion in the American automobile oligopoly: the 1955 price war [J] . Journal of Industrial Economics, 1987, 35.

[61] BURDETT K, JUDD, K L. Equilibrium price dispersion [J]. Econometrica, 1983 (51): 955 -969.

[62] CHAMBERLIN. Duopoly: Value Where Sellers Are Few [J] . Quarterly Journals of Economics, 1929 (43): 63 -100.

[63] CHANG, M - H. The effects of product differentiation on collusive pricing [J]. International Journal of Industrial Organization, 1991 (9): 453 -469.

[64] CLARKE R. Industrial Economics [J] . Basil BlackIll, 1985.

[65] CREMER H, J - F THISSE. Commodity Taxation in a Differentiated Oligopoly [J] . International Economic Review, 1994 (35): 613 -33.

[66] D'ASPREMONTC, JASKOLD GABSZEWICZ etal. On Hotelling's Stability in Competition [J] . Econometrica, 1979 (47): 1145 -1150.

[67] DAVIDSON. The competitive significance of segmented markets [J]. California Law Review, 1983 (71): 445 -463.

[68] DENECKERE R. Duopoly supergame with product differentiation [J]. Economics Letters, 1983 (11): 37 - 42.

[69] DENNIS W CARLTON, JEFFREY M PERLOFF. Modern Industrial Organization [J]. Glenview: Scott, 1990.

[70] DOBSON, SINCLAIR. On The Possibility of Price Wars When Firms Use A "Tit - For - Tat" Strategy [J] . Economics Letters, 1990, 32 (2) .

[71] DORWARD, NEIL. Recent Developments in The Analysis of Spatial Competition and Their Implications For Industrial Economics [J] . The Journal of In-

dustrial Economics, 1982, 31 (1/2): 131 – 151.

[72] ECCHIA G, LAMBERTINI L. Minimum Quality Standards and Collusion [J]. Journal of Industrial Economics, 1997 (45): 101 - 113.

[73] ECONOMIDES N. Minimal and maximal product diffe rentiation in hotelling's duopoly [J] . Economics Letters, 1986 (21): 67 – 71.

[74] ELLISON. Glenn and Sara Fisher Ellison (2001) "Search, Obfuscation, and Price Elasticities on the Internet" (preliminary and incomplete), mimeo of notes, dated January 2001, prepared for IDEI – R Conference on "The Economics of the Software and Internet Industries" [J] . Toulouse, January 18 – 20, 2001.

[75] ENCAOUS, etal. Strategic Competition and the Persistence of Dominant Firms: A Survey, in Stiglitz, J Eand F Mathewson (eds) [J] . New Developments in the Analysis of Market Structure. London: Macmillan, 1986.

[76] FISHER. Horizontal mergers: Triage and treatment [J] . Journal of Economic Perspectives, 1987 (1): 23 – 40.

[77] FRIEDMAN J. A Non – Cooperative Equilibrium for Supergames [J]. Review of Economic Studies, 1971, 38 (113): 1 - 12.

[78] FRIEDMAN. Oligopoly and The Theory of Game [M] . Amsterdam, North – Holland, 1977.

[79] FUDENBERG D, TIROLE J. Noncooperative Game Theory for Industrial Organisation: An Introduction and Overview, Ch. 5 in R. Schmalensee and R. Willig (eds.) [J] . Handbook of Industrial Organisation, Amsterdam, North – Holland, 1989, 1.

[80] GENESOVE, DAVID, MULLIN, WALLACE P. Narrative Evidence on the Dynamics of Collusion: The Sugar Institute Case [J] . Manuscript, 1998b, May 31.

[81] GENESOVE, DAVID, MULLIN, WALLACE P. Testing Static Oligopoly Models: Conduct and Cost in The Sugar Industry, 1890 – 1914 [J] . Rand Journal of Economics, 1998a, 29 (2) .

[82] GENESOVE, DAVID, MULLIN, WALLACE P. The Sugar Institute Learns to Organize Information Exchange, in Naomi Lamoreaux, Naniel M. G. Raff, and Peter Temin (Eds), Learning By Doing in Markets [J] . Chicogo: University of Chicago Press, 1999.

[83] GREEN E, R PORTER. Non - Cooperative Collusion Under Imperfect Price Information [J] . Econometrica, 1984 (52): 87 - 100.

[84] GREENHUT - OTHA. Monopoly Output under Alternative Spatial Pricing Techniques [J] . American Economic Review, 1972: 705 - 713.

[85] HÄCKNER J. Optimal Symmetric Punishments in a Bertrand Differentiated Products Duopoly [J] . International Journal of Industrial Organization, 1996 (14): 611 - 630.

[86] HÄCKNER J. Collusive Pricing in Markets for Vertically Differentiated Products [J] . International Journal of Industrial Organization, 1994 (12): 155 - 77.

[87] HALLIDAY J, P SEABRIGHT. Networks Good, Cartels Bad: But How Could Anyone Tell the Oifference, Ch. 5 of Fighting Cartels — Why and How? [J]. Swedish Competition Authority, Stockholm: Sweden, 2001.

[88] HAY, D AND D MORRIS. Industrial Economics and Organization [M]. Oxford University Press, 1991: 1207 - 2161.

[89] HAY, G AND D KELLEY. An Empirical Survey of Price - Fixing Conspiracies [J] . Journal of Law and Economics, 1974 (17): 13 - 38.

[90] HOLT, CHARLES A, SCHEFFMAN, DAVID T. Facilitating Practices: The Effects of Advance Notice and Best - Price Policies [J] . Rand Journal of Economics, 1987, 18 (2) .

[91] HOTELLING H. Stability in Competition [J] . Economic Journal, 1929 (39): 41 - 57.

[92] ITOH M, MONOPOLY. Product Differentiation and Economic Welfare [J]. Journal of Economic Theory, 1983 (31): 88 - 104.

[93] JACQUEMIN A, T NAMBU, I DEWEZ. A Dynamic Analysis of Export Cartels [J] . Economic Journal, 1981 (91): 685 - 696.

[94] JOSEPH, F BRADLEY. The Role of Trade Association and Professional Business Society in America [J] . 1965: 4.

[95] JULLIEN B, REY, P B. Resale price maintenance and collusion, Universite′ des Sciences Sociales Toulouse: IDEI, mimeo, 2001.

[96] KREPS, et al. Rational Cooperation in The Finitely Repeatedly Prisoner Dilemma [J] . Journal of Economic Theory, 1982 (27): 245 - 252.

[97] KUHN, K - U, X VIVES. Information Exchanges among Firms and Their Im-

pact on Competition [C]. Office for Official Publications of the European Comunities, Luxemburg, 1995.

[98] KYLE BAGWELL, ASHER WOLINSKY. Game Theory and Industrial Organization, Mimo [J]. Handbook of Game Theory, 2000.

[99] LEVENSTEIN M, V SUSLOW. What Determines Cartel Success [D]. Mimeo, University of Michigan, 2002.

[100] LOSCH A. The Economics of Location [M]. Yale University Press, 1954.

[101] LUCE, RAIFFA. Games and Decisions [J]. New York: John Wiley, 1957.

[102] MAJERUS, D W. Price vs Quantity Competition in Oligopoly Supegames [J]. Economics Letters, 1988 (27): 293 - 297.

[103] MANCUR OLSON. The Logic of Collective Action ; Public Goods and the Theory of Groups [M]. Harvard University Press , Cambridge , Massachusetts 1980.

[104] MARKHAM J W. The nature and significance of price leadership [J]. American Economic Review, 1951.

[105] MARTIN S. Product Differentiation and the Stability of Non - cooperative Collusion [D]. Mimeo, European University Institute, 1989.

[106] MICHAEL E PORTER M PORTER. Competitive strategy : techniques for analyzing industries and competitors [M]. New York : Free Press, c1980.

[107] MILLS, EDWIN S. An Aggregative Model of Resource Allocation in a Metropolitan Area [J]. American Economic Review, May, 1967, 57 (2): 197 - 210.

[108] MØLLGAARD, H P, P B OVERGAARD. Market Transparency: A Mixed Blessing, Mimeo, Departments of Economics [D]. Copenhagen Business School & University of Aarhus, 2002.

[109] MUSSA M, S ROSEN. Monopoly and Product Quality [J]. Journal of Economic Theory, 1978 (18): 301 - 317.

[110] MUTH RICHARD F. Cities and Housing, Chicago [M]. University of Chicago Press, 1969.

[111] NEVEN, et al. Trawling For Minnows: European Competiton Policy and Agreements between Firms [J]. Centre For Economics Policy Research, 1998.

[112] NILSSON A. Transparency and Competition, Mimeo [J]. Stockholm School

of Economics, 1999.

[113] PHLIPS L. Competition Policy: A Game Theoretic Perspective [M]. Cambridge University Press, Cambridge, 1995.

[114] PORTER R. A Study of Cartel Stability: The Joint Executive Committee [J]. Bell Journal of Economics, 1983b (14): 301 – 314.

[115] PORTER R. Optimal Cartel Trigger – Price Strategies [J]. Journal of Economic Theory, 1983a.

[116] POSNER R. Antitrust Law – An Economic Perspective [M]. University of Chicago Press, Chicago and London.

[117] REES R. Cheating in A Duopoly Supergame [J]. Journal of Industrial Economics, 1985, 33 (4): 387 – 400.

[118] REES R. Tacit Collusion, Oxford Review of Economic Policy [J]. 1993 (9): 27 – 40.

[119] REICH N. Diverse approaches to consumer protection philosophy [J]. Journal of Consumer Policy, 1991, 14 (3): 257 – 292.

[120] REY P, STIGLITZ, J B. The role of exclusive territories in producers' competition [J]. Rand Journal of Economics, 1995, 26: 431 – 451.

[121] REY P, VERGE, T B. Resale price maintenance and horizontal cartel [J]. CMPO Working Paper Series, 2004.

[122] ROSS T. Cartel Stability and Product Differentiation [J]. International Journal of Industrial Organization, 1992 (10): 1 – 13.

[123] ROTEMBERG, SALONER. Collusive Price Leadership [J]. Journals of Industrial Economics, 1990 (39): 93 – 111.

[124] ROTEMBERG J, G SALONER. A Supergame – Theoretic Model of Business Cycles and Pricewars During Booms [J]. American Economic Review, 1986 (76): 390 – 407.

[125] ROY, et al. Competitve Pricing by A Price Leader [J]. Management Sicience, 1994, 40 (7): 809 – 823.

[126] SALOP S. Monopolistic Competition with Outside Goods [J]. Bell Journal of Economics, 1979 (10): 141 – 156.

[127] SALOP. Practices That Facilitate Oligopoly Co – ordination in Joseph E. Stiglitz and G. Frank Mathewson (Eds), New Developments in the Analysis of Market Structure [M]. Cambridge, Mass: The MIT Press, 1986.

[128] SCHELLING, TC. The Strategy of Conflict [M]. Cambridge, Mass: Harvard University Press, 1960.

[129] SCHERER, F M, D ROSS. Industrial Market Structure and Economic Performance [J]. 3rd ed. Houghton Mifflin Company, New York, 1990.

[130] SCHULTZ C. Market Transparency and Product Differentiation [J]. Economics Letters, 2004 (83): 173 - 178.

[131] SHAKED A, J. Sutton, Relaxing Price Competition through Product Differentiation [J]. Review of Economic Studies, 1982 (49): 3 - 14.

[132] SHAPIRO. Theory of Oligopoly Behavior in Handbook of Industrial Organization [J]. 1989.

[133] SLADE, M E. Price wars in price setting supergames [J]. Economica, 1989, 56.

[134] SLADE, MARGARET E. Interfirm Rivalry in A Repeated Game: An Empirical Test of Tacit Collusion [J]. Journal of Industrial Economics, 1987, 35 (4): 513.

[135] SMITH A. An Inquiry into the Nature and Causes of the Wealth of Nations [M]. R H Cambell and A S Skinner, eds, 1976, Clarendon Press, Oxford.

[136] STAHL, D - O. Oligopolistic Pricing with Sequential Consumer Search [J]. American Economic Review, 1989, 79 (4): 700 - 712.

[137] STEPHENMARTIN. Advanced Industrial Economics [M]. Second Edition. Blackwell Publishers, 2002.

[138] STIGLER G. A Theory of Delivered Price Systems [J]. American Economic Review, 1968, 39.

[139] STIGLER G. A Theory of Oligopoly [J]. Journal of Political Economy, 1964 (72): 44 - 61.

[140] SULTAN, RALPH G M. Pricing in the Electrical Oligopoly [M]. Cambridge, Mass: Harvard Vniversitg Press, 1974.

[141] SUTTON J. One smart agent [J]. Rand Journal of Economics , 1997 (28): 605 - 628.

[142] SYMEONIDIS G. Cartel stability in advertising - intensive and R&D - intensive industries [J]. Economics Letters, 1999 (62): 121 - 129.

[143] TELSER, L G. Competition, Collusion and Game Theory [J]. NewYork,

品牌骆驼牌香烟的价格，从每条 6.40 美元提高到 6.85 美元。同一天，美国烟草公司提高了其主导品牌 Lucky Strike 香烟的价格，同时利格特 . 迈耶斯烟草公司也提高了其主导品牌香烟的价格，都提高到了每条 6.85 美元。尽管行为类似，但是却没有证据表明这些烟草公司制定了正式的协议。正像对州际影片放映公司案件一样，法院认为，构成违法合谋的必要条件并不一定要有正式的协议，三大烟草公司的价格行为具有平行特征和相似性，由此推断它们违反了《谢尔曼法》第 2 条。

3. 美国影院厂商公司（Theatre Enterproses）案例

美国烟草公司诉讼案后，出现了很多争议：仅仅是市场平行行为，即仅仅是厂商认识到它们之间的相互依赖性而做出的相似性行为，是否就违反了反托拉斯法？直到 1954 年在影院厂商公司起诉派拉蒙电影分配公司案中，美国法院对平行行为问题才有了明确的态度。

影院厂商公司企图从主要的电影经销商处取得影片的首映权遭到拒绝，因此影院厂商起诉电影经销商，认为它们合谋限制贸易违反了谢尔曼法，它虽然没有能提交有关协议的证据给法院，但是认为从经销商的平行行为看可以证明其有合谋。但法院认为，经销商共同拒绝电影院取得首轮电影放映权的并求并不违反谢尔曼法。法院指出：关键问题是要看（电影经销商的）行为……是独立决策还是协议的结果，是默契的还是公开表达的……法院从不认为平行商业行为的存在可以作为证据来判断协议是否达成……

4. 欧盟染料案例

欧盟对协调行为的政策解释在早期的“染料案”中有所体现。此案是指 1964 年、1965 年和 1967 年，欧洲有 10 家染料公司三次在各自国家同时平行提价，此 10 家公司在染料行为中的染料产量占欧盟范围内总产量的 4/5，因而使染料价格同次大幅度上升。1972 年欧盟委员会依据罗马条款第 85 条第 1 款的规定，宣告这种作为协调行为的平行定价违法。

该委员会的这一决策被上诉到欧盟法院。以前，在欧盟内部，对那种限制竞争的协议行为的认定没有多少争议，但是对“联合一致行为”就有理解和认定上的歧义了。虽然后者的特征是没有明确的书面协议，行为的实施不是以正式的协议而以口头或其他方式默契地表达出来，但是这类行为具有类似或强于合同的效力。法院的判决结果为认定这类一致性的平行定价行为提供了违法依据，也是该法的成功运用之例。

欧盟法院的结论是：第 85 条对“一致行动”与“厂商之间的协议”或“厂商联合决策”的概念做出了区分；目的是为了运用该条款禁止厂商之间协

调行为的形式，此类协调行为的特征是，它还没有达到可以适当地推断存在协议的阶段，但是谁都知道它们之间实施的合作是为了替代竞争的风险。因此从性质上看，一种一致性行为并不具备合约的所有特征，但是可以明确地推断出参与者的行为必然是协调。尽管平行定价行为自身与一致性行为并不相同，但是如果它导致了与正常市场条件不相关的竞争条件，它就可以作为这种一致性行动的有力的证据。

5. 欧盟纸浆案例

1985 年，欧盟委员会对纸浆案的决策，宣告基于欧盟规定之外的厂商联合一致性行动有罪。起诉书的基本内容是：

1975—1981 年，纸浆生产者就销售于欧盟市场的漂白硫酸盐纸浆的价格进行了地区性和国际性的商议。在此期间，它们就这类纸浆销售给欧盟的购买者的交易价格进行商议，其办法包括系统性采取季节性通告，制度性地交换信息，在美洲出口协会成员内部进行价格推荐，在瑞士研究和信息中心的框架内召开信息交流会，以及在个体生产者间广泛地交换信息。一些生产者与其欧洲的客户签订销售合约禁止把销售给它们的纸浆转售或出口，从而进一步限制竞争。由于这生产者所提供的纸浆占欧盟市场进口总量的 2/3，占总消费者的大约 60%，因此，这些厂商的联合一致行动对欧盟市场内的竞争所产生的效应值得引起重视。

但是欧盟法院在 1993 年 3 月的裁决中，拒绝接受委员会的观点。该法院认为，欧盟委员会对它所述的一致性行为并没有直接证据，对所观察的平行价格行为确定是否存在另外的解释是必不可少的。在该法院看来，对平行价格行为的另外的解释包括：是否通过客户、代理商和贸易出版物，使信息得以迅速传导；以及该产业是不是一个寡头垄断市场。该法院推翻欧盟委员会决策的基础在于它认为，与美国反托拉斯法的情况一样，欧盟的竞争政策不可能有效地动摇寡头联合行使市场势力的基础。

附录 2（第二章）：

对定理 2.1 的证明

将式（2.10）、式（2.20）、式（2.23）和式（2.24）代入式（2.1），可得出最小贴现因子限制 $\delta^*(b)$：

$$\delta_l^*(b)=\frac{873-192b+1120b^2-1024b^3+256b^4}{297-3264b+2656b^2-1024b^3+256b^4} \tag{A2.1a}$$

$$\delta_h^*(b)=\frac{-207+576b+736b^2-1024b^3+256b^4}{-783-2496b+2272b^2-1024b^3+256b^4}\qquad \text{(A2.1b)}$$

如果 $b\geqslant 2.61962$，$\delta_l^*\in[0,1]$。同样地，如果 $b\geqslant 1.90139$，$\delta_h^*\in[0,1]$。当 $b\in[2.6196,\infty]$，$\frac{\partial\delta_i^*}{\partial b}>0$，$\frac{\partial^2\delta_i^*}{\partial b^2}<0$。

附录3（第三章）：

1. 对假定 1 的说明

对于对称分布的产品空间，遵循 $p_1^*(a,1-a)=p_2^*(a,1-a)=t(1-2a)\equiv p^*(a)$。因为 $p^*(a)$ 当 $a_1=a_2=0$ 时达到最大值 t。这是在 1/2 处的边际消费者所支付的最高交货价格。为了确保在纳什均衡时市场能被全部覆盖，需要边际消费者的交货价格小于或等于保留价格。所以，需要 $s\geqslant 5t/4$。

2. 对引理 3.1 的证明

证明：很明显，保留价格越大，覆盖全部市场越有利可图。

假设最大化利润的价格如此地高以至于市场不能全部被覆盖。而且，假设 $a\leqslant 1/4$。厂商 i 面临的需求为：

$$U(x)=s-t(x-a)^2-p=0\qquad \text{(A3.1)}$$

或

$$D_i=x=a+\frac{\sqrt{s-p}}{\sqrt{t}}\qquad \text{(A3.2)}$$

利润最大化的一阶条件为：

$$a+\frac{\sqrt{s-p}}{\sqrt{t}}-\frac{p}{2\sqrt{t(s-p)}}=0\qquad \text{(A3.3)}$$

解 p 可得：

$$p^{**}=\frac{2}{9}\left[3s-a^2t+a\sqrt{t(a^2t+3s)}\right]\qquad \text{(A3.4)}$$

另一方面，如果覆盖全部市场是最优的，从式（3.4），可得联合利润最大化的价格为：

$$p^c=s-t\left(\frac{1}{2}-a\right)^2\qquad \text{(A3.5)}$$

因为 $p^{**}=p^c$ 是可允许的选择，如果 $p^{**}>p^c$，那么对厂商而言部分市场覆盖是最优的。这个条件等同于：

$$s<\frac{t(4a^2-8a+3)}{4} \quad (A3.6)$$

因为右端随 a 递减，如果 $s>3t/4$，那么这个不等式将永远不能成立。由于假定1假定 $s\geqslant 5t/4$，所以联合利润最大化总与市场被完全覆盖相一致。

如果 $a\geqslant 1/4$ 而且利润最大化意味着市场被部分覆盖，偏好最接近于端点的消费者将选择不去购买。而对于无差别的消费者：

$$U(x)=U(1-x)=s-t(x-a)^2-p=0 \quad (A3.7)$$

厂商 i 将面临需求：

$$D_i=\frac{1}{2}-x=\frac{1}{2}-a+\frac{\sqrt{s-p}}{\sqrt{t}} \quad (A3.8)$$

一阶条件为：

$$\frac{1}{2}-a+\frac{\sqrt{s-p}}{\sqrt{t}}-\frac{p}{2\sqrt{t(s-p)}}=0 \quad (A3.9)$$

解 p 可得：

$$p^{**}=\frac{(1-2a)\sqrt{t(12s+4a^2t-4at+t)}}{18}+\frac{12s-4a^2t+4at-t}{18} \quad (A3.10)$$

另一方面，如果覆盖全部市场是最优的，从（3.3）第二行，可得联合利润最大化的价格为：

$$p^c=s-ta^2$$

因为 $p^{**}=p^c$ 是可允许的选择，如果 $p^{**}>p^c$，那么对厂商而言部分市场覆盖是最优的。这个条件等同于：

$$s<at(1+a)$$

因为右端随 a 递增，如果 $s>3t/4$，那么这个不等式将永远不能成立。由于假定1假定 $s\geqslant 5t/4$，所以联合利润最大化总与市场被全面覆盖相一致。证毕。

3. 对引理3.3的证明

考虑一个对称的设计和相应的垄断价格，p^c（a）。当理性地选择 p_f^d（a）时，p_f^d（a）$=p_w^d$（a）是一个可允许的选择。因此，p_f^d（a）$>p_w^d$（a）一定意味着 π_f^d（a）$>\pi_w^d$（a）。使用（3.6）和（3.9）式，我们得到：

$$p_f^d(a)-p_w^d(a)=\frac{3t(1-2a)-p^c(a)}{2} \quad (A3.11)$$

当 $a\leqslant 1/4$，从（3.3）式第一行可得 p^c（a）$=s-t$（$1/2-a$）^{2}，将其代

入上式，并令 $k \equiv s/t$，可得到：

$$p_f^d(a) - p_w^d(a) = \frac{t}{8}[4a^2 - 28a - 4k + 13] \tag{A3.12}$$

等式右端在 a 上递减，并且当 $a = a' = 7/2 - (k+9)^{1/2}$ 等于 0。

（1）当 $5/4 \leqslant k \leqslant 25/16$ 时，$a' \geqslant 1/4$，于是对于所有的 $a \in [0, 1/4]$，$p_f^d(a) \geqslant p_w^d(a)$。这意味着部分获取策略更容易获利。

（2）当 $25/16 \leqslant k \leqslant 52/16$ 时，$0 \leqslant a' \leqslant 1/4$，于是对于所有的 $a \in [0, a']$，$p_f^d(a) \geqslant p_w^d(a)$。这意味着在这个区间部分获取战略更容易获利，而对于 $a \in [a', 1/4]$ 区间，全部获取策略更有利可图。

（3）当 $k \geqslant 52/16$ 时，$a' \leqslant 0$，于是对于所有的 $a \in [0, 1/4]$，全部获取策略更有利可图。

当 $a \geqslant 1/4$，从式（3.4）第二行可得出 $p^c(a) = s - ta^2$，可得到：

$$p_f^d(a) - p_w^d(a) = \frac{t}{2}[a^2 - 6a - k + 3] \tag{A3.13}$$

等式右端在 a 上递减，并且当 $a = a'' = 3 - (k+6)^{1/2}$ 等于 0。

（1）当 $5/4 \leqslant k \leqslant 25/16$ 时，$1/4 \leqslant a'' \leqslant 1/2$，于是对于所有的 $a \in [1/4, a'']$，$p_f^d(a) \geqslant p_w^d(a)$。这意味着在这个区间部分获取战略更容易获利，而对于 $a \in [a'', 1/2]$ 区间，全部获取策略更有利可图。

（2）当 $k \geqslant 25/16$ 时，$a'' \leqslant 1/4$，于是对于所有的 $a \in [1/4, 1/2]$，全部获取策略更有利可图。证毕。

4. 对定理 3.1 和定理 3.3 的证明

定义 $k \equiv s/t$，由假设 1 可知，$k > 5/4$。首先，假设 $5/4 \leqslant k \leqslant 25/16$，接着，通过引理 3，将式（3.3）、式（3.5）、式（3.7）第二行、式（3.11）代入式（2.1）可得：

$$\gamma(a) = \begin{cases} \dfrac{4k - 4a^2 + 12a - 5}{4k - 4a^2 - 20a + 11}, 0 \leqslant a \leqslant \dfrac{1}{4} \\ \dfrac{k - a^2 + 2a - 1}{k - a^2 - 6a + 3}, \dfrac{1}{4} \leqslant a \leqslant a'' \\ \dfrac{k - a^2 + 4a - 2}{2k - 2a^2 + 6a - 3}, a'' \leqslant a \leqslant \dfrac{1}{2} \end{cases} \tag{A3.14}$$

与此相似，当 $25/16 \leqslant k \leqslant 52/16$，将式（3.3）、式（3.5）、式（3.7）第一行、式（3.11）代入式（2.1）可得：

$$\gamma(a)=\begin{cases}\dfrac{4k-4a^2+12a-5}{4k-4a^2-20a+11},0\leqslant a\leqslant a'\\ \dfrac{4k-4a^2+12a-9}{2(4k-4a^2+16a-7)},a'\leqslant a\leqslant\dfrac{1}{4}\\ \dfrac{k-a^2+4a-2}{2k-2a^2+6a-3},\dfrac{1}{4}\leqslant a\leqslant\dfrac{1}{2}\end{cases} \tag{A3.15}$$

最后，当 $k\geqslant 52/16$，将（3.3）（3.5）（3.7）代入（2.1）可得：

$$\gamma(a)=\begin{cases}\dfrac{4k-4a^2+12a-9}{2(4k-4a^2+16a-7)},0\leqslant a\leqslant\dfrac{1}{4}\\ \dfrac{k-a^2+4a-2}{2k-2a^2+6a-3},\dfrac{1}{4}\leqslant a\leqslant\dfrac{1}{2}\end{cases} \tag{A3.16}$$

分别将将 γ（a）对 a 和 k 求导，并将各区间的临界值代入即可得出结论。

5. 对定理 3.2 的证明

当 $p\leqslant p^c$，因为对称性，每个厂商的合谋利润为 $p/2$。惩罚阶段的利润独立于合谋价格，由式（3.5）给出。给定任意的合谋价格，可推导出最优的背叛利润，即式（3.6）和式（3.10）将 p 代替 p^c。因此，贴现因子限制是：

$$\delta\geqslant g(a,p)=\frac{p-2t(1-2a)}{2p-3t(1-2a)},p\in p_w \tag{A3.17}$$

和

$$\delta\geqslant g(a,p)=\frac{p-t(1-2a)}{p+3t(1-2a)},p\in p_f \tag{A3.18}$$

这里的 p_w 和 p_f 代表着在全部获取策略和部分获取策略下最能盈利的受限制的合谋价格。当 $p\geqslant 3t$（$1-2a$）时，全部获取战略有优势而当 $p\leqslant 3t$（$1-2a$）时，部分获取策略有优势。当 $p=3t$（$1-2a$）时，表达式大于等于 1/3，所以 g（a，p）是连续的。而且，g（a，p）在 p 上递增。将 p^* 定义在不违反 $\delta\geqslant g$（a，p）时的可能索取的最优合谋价格，可直接推出 p^* 是使 $\delta=g$（a，p）时的价格。注意到 $p=p^p=t$（$1-2a$）意味着 $g=0$，可以推出对于任何 $0<\delta<\gamma$（a），存在着 $p^p\leqslant p\leqslant p^c$。解出 p^*，并注意如果贴现因子成为限制条件，$\delta<1/2$ 是必须的。

$$p^*=\begin{cases}\dfrac{t(2-3\delta)(1-2a)}{1-2\delta},\forall a,\text{如果}\dfrac{1}{3}\leqslant\delta\leqslant\dfrac{1}{2}\\ \dfrac{t(3\delta+1)(1-2a)}{1-\delta},\forall a,\text{如果}\ 0\leqslant\delta\leqslant\dfrac{1}{3}\end{cases} \tag{A3.19}$$

对于 $1/3\leqslant\delta\leqslant 1/2$，两式都大于 $3t$（$1-2a$），意味着 $p\in p_w$。对于 $0\leqslant\delta\leqslant$

1/3，两式都小于，$3t(1-2a)$ 意味着 $p \in p_f$。p^* 在 a 上递减，所以垄断价格不能维持时，产品差别程度越小，受限制的利润越低。

6. 对引理 3.5 的证明

假设厂商 1 在 τ 期在产品设计上背叛（而不是产品价格），那么从 $\tau+1$ 期到无限期的均衡策略是纳什均衡。因为

$$\frac{\partial \pi_i^p}{\partial a_i} = \frac{-t(a_i - a_j + 3)(3a_i + a_j + 1)}{18} < 0 \tag{A3.20}$$

很明显最优的背叛设计是 $a_1 = 0$。然而，

$$\frac{\partial \pi_i^p}{\partial a_j} = \frac{-t(a_i - a_j + 3)(5 - a_i - 3a_j)}{18} < 0 \tag{A3.21}$$

所以在 $\tau+1$ 和以后各期 a_2 越小，背叛者的利润越大。$a_1 = a_2 = 0$ 是 $\tau+1$ 和以后各期的均衡设计，因此厂商宁愿选择价格背叛（在 τ 期），很明显，价格背叛更有利可图。

7. 对定理 3.4 的证明

定义 $k \equiv s/t$，由假设（1）可知，$k > 5/4$。首先，假设 $5/4 \leqslant k \leqslant 25/16$，接着，通过引理3，将式（3.3）、式（3.7）第二行、式（3.11）、式（3.12）代入式（2.1）可得：

$$\gamma(a) = \begin{cases} \dfrac{16a^4 - 96a^3 - 8a^2(4k-23) + 24a(4k-5) + (4k-5)^2}{16a^4 + 32a^3 - 8a^2(4k+1) - 8a(4k-13) + 16k^2 + 24k - 55}, 0 \leqslant a \leqslant \dfrac{1}{4} \\ \dfrac{a^4 - 4a^3 - 2a^2(k-3) + 4a(k-1) + (k-1)^2}{a^4 + 4a^3 - 2a^2(k-1) - 4a(k-1) + (k-1)(k+3)}, \dfrac{1}{4} \leqslant a \leqslant a'' \\ \dfrac{k - a^2 + 4a - 2}{2k - 2a^2 + 4a - 3}, a'' \leqslant a \leqslant \dfrac{1}{2} \end{cases} \tag{A3.22}$$

与此相似，当 $25/16 \leqslant k \leqslant 52/16$，将式（3.3）、式（3.7）、式（3.11）第一行、式（3.12）代入式（2.1）可得：

$$\gamma(a) = \begin{cases} \dfrac{16a^4 - 96a^3 - 8a^2(4k-23) + 24a(4k-5) + (4k-5)^2}{16a^4 + 32a^3 - 8a^2(4k+1) - 8a(4k-13) + 16k^2 + 24k - 55}, 0 \leqslant a \leqslant a' \\ \dfrac{4k - 4a^2 + 20a - 9}{8k - 8a^2 + 24a - 14}, a' \leqslant a \leqslant \dfrac{1}{4} \\ \dfrac{k - a^2 + 4a - 2}{2k - 2a^2 + 4a - 3}, \dfrac{1}{4} \leqslant a \leqslant \dfrac{1}{2} \end{cases} \tag{A3.23}$$

最后，当 $k \geqslant 52/16$，将式（3.3）、式（3.7）、式（3.12）代入式（2.1）

可得：

$$\gamma(a)=\begin{cases}\dfrac{4k-4a^2+20a-9}{8k-8a^2+24a-14},0\leqslant a\leqslant\dfrac{1}{4}\\ \dfrac{k-a^2+4a-2}{2k-2a^2+4a-3},\dfrac{1}{4}\leqslant a\leqslant\dfrac{1}{2}\end{cases} \tag{A3.24}$$

对 γ（a）求导，并将各区间的临界值代入即可得出结论。

8. 对定理 3.5 的证明

第一部分是直观的。当 $\delta\geqslant\gamma$（1/4）时，对于 $a^*=1/4$，垄断价格是可维持的。在 3.3.1 中，已证明了当 $a=1/4$ 时，不受限制的垄断价格最大。换而言之，p^c（1/4）是可维持的并且允许可能获得的最大利润，这导致了观察 1：

观察 1：$\delta\geqslant\gamma$（1/4），那么 $a^*=1/4$。

当 γ（0）$<\delta<\gamma$（1/4），情况较复杂。

首先，假定厂商在 $a\in$［0，$\tilde{a}$］区间考虑产品设计，因此 $0<\tilde{a}<1/4$。在这个区间，依据定义，不受限制的垄断定价是可维持的。而且，对于 $a<1/4$，不受限制的垄断利润随 a 而增加。因此，

观察 2：当 γ（0）$<\delta<\gamma$（1/4），那么 $a=\tilde{a}$ 是在 $a\in$［0，$\tilde{a}$］时的最优选择。

其次，假设厂商在 $a\in$［$\tilde{a}$，1/2］区间考虑设计，如果不受限制的垄断价格是不可维持的，但其他的一些价格也许允许厂商成功地合谋。然而，使合谋价格超过垄断价格仅仅对可维持性带来负的效应，因为会增加背叛利润而降低合谋利润。另外，降低合谋价格会同时减少了背叛利润和合谋利润，因此净效应是对允许合谋的贴现因子限制的缓解。

为了更好的研究这个问题，还需要对低于不受限制垄断价格的合谋价格的贴现因子限制的进行一般解释。让 $p\leqslant p^c$ 表示受限制的垄断价格。让 g（a，p）代表一般的贴现因子限制。因此，当 $a\in$［$\tilde{a}$，1/2］时，厂商将受限于下式而最大化其利润：

$$\delta\geqslant g(a,p)=\frac{\pi^d(p,a)-\pi(p)}{\pi^d(p,a)-\pi^n} \tag{A3.25}$$

因为对称性，合谋利润 $\pi=p/2$，惩罚阶段的利润独立于合谋价格，因此像以前一样 $\pi^n=t/2$。最后，因为已经推出给定任意的合谋价格下的最大背叛价格，即式（3.6）和式（3.10）（p 代替 p^c），把这些代入 g（a，p）即可得到：

$$\delta\geqslant g(a,p)=\frac{4at+p-2t}{4at+2p-3t},p\in p_w \tag{A3.26}$$

$$\delta \geqslant g(a,p)=\frac{4a^2t^2+4at(p-t)+(p-t)^2}{4a^2t^2-4at(p-t)+(p-t)(p+3t)},p\in p_f \qquad (A3.27)$$

在这里，p_w 代表在受限制的合谋价格的设立下，全部获取策略是最能盈利的。p_f 代表部分获取是最能盈利的①。因此，当且仅当 g（a，p）在 p 上递增时，降低合谋价格将缓解贴现因子的限制。

观察3：当 $\delta<\gamma$（1/4），$a^*\notin$［1/4，1/2］。

接下来的可能是厂商考虑在 $a\in$［$\tilde{a}$，1/4］区间考虑设计。在这种情况下，从推论1可知道，通过选择 $p<p^c$ 可以缓解贴现因子的限制。定义 p^* 为合谋能够维持的最优合谋价格。如果这样的价格存在，它能降低合谋价格直到贴现因子限制恰好约束。因此，

$$p^*(a;\delta)=\frac{t[4a(1-\delta)+3\delta-2]}{2\delta-1},p^*\in p_w \qquad (A3.28)$$

和

$$p^*(a;\delta)=\frac{t[(\delta+1)(1-2a)+2\sqrt{\delta(\delta-2a)(1-2a)}]}{2\delta-1},p^*\in p_f \qquad (A3.29)$$

当式（A3.29）和式（A3.20）的等式成立时，可推出 p^*。

观察4：当 γ（0）$<\delta<\gamma$（1/4）时，$a=\tilde{a}$ 是 $a\in$［$\tilde{a}$，1/4］的最优选择。

当 $\delta<\gamma$（0）时，对任何设计不受限制的垄断定价都是不可维持的。那么，既然 p^* 在 a 上连续并递减，厂商的最优选择是让 $a=0$，因而 p^*（0；δ）。δ 越低，p^* 越低，正好使贴现因子约束。当 δ 趋近于0时，p^*（0；δ）趋近于 t。这是直观的，因为，博弈实际上是单期博弈，在这里唯一的纳什均衡是 $a_1=a_2=0$ 和 $p_1=p_2=t$。由此可推出观察5。

观察5：当 $\delta<\gamma$（0）时，$a^*=0$ 且最优价格是 p^*（0；δ）。

附录4（第四章）：

1. 对引理4.1的证明

市场被覆盖的条件使得在中间的消费者愿意在价格为 p^n 时购买，这在 $s-p^n-t/4\geqslant 0$ 时能够满足，或

① 直觉上，合谋价格越高，背叛时获取全部的市场就越能盈利。

$$\varphi \geqslant \frac{4t}{4s-t} \qquad (A4.1)$$

于是，市场透明度不应该太低。如果上式不能被满足，市场透明度如此低以至于在市场上不能形成有效竞争。即使在纳什均衡时，厂商间没有竞争。因此，当上式被满足时，市场被全面覆盖。

2. 对引理 4.2 的证明

如果厂商选择部分市场覆盖，位于左边的消费者将去厂商 1 处购买，位于右边的消费得将去厂商 2 处购买。

考虑厂商 1，它的边际的知情消费者由 $s-p_1-tx^2=0$ 给出，因此 $x=\sqrt{\frac{s-p_1}{t}}$。最优的定价因此是最大化 $\left(\phi\sqrt{\frac{s-p}{t}}+(1-\phi)\sqrt{\frac{s-p^e}{t}}\right)p$。使用理性预期 $p^e=p$，

可得 $\tilde{p}^m=\frac{2s}{(2+\phi)}$。

当市场未被全部覆盖时，垄断价格也随着透明度的增加而下降。其直觉是市场越透明，垄断者通过降低价格越能获得更多的需求。在引理 4.1 下，当垄断价格为 $\tilde{p}^m=\frac{2s}{(2+\phi)}$ 时，厂商 1 面临的需求大于 1/2。因此，厂商将选择全部市场覆盖。

3. 对引理 4.3 的证明

背叛之后博弈将进入惩罚阶段。如果假设厂商 1 为背叛者。不知情的消费者并不了解厂商 1 的降价，因而从厂商 2 处购买。这些消费者对厂商 1 价格的预期仍是联合利润最大化下的价格 p^m。因此，当他们去厂商 2 处购买时将发现价格降低了。从厂商 1 处购买的消费者知道背叛已发生，因此，他们对价格的预期是纳什均衡价格 p^n。前面已假定知情的消费者知道交易前的实际价格。在此，在厂商 1 背叛后厂商 2 面临的实际需求为：

$$\phi\left(\frac{1}{2}+\frac{p^n-p}{2t}\right)+\frac{1-\phi}{2} \qquad (A4.2)$$

静态最优反应为 $p=\frac{t}{\phi}$。根据式（4.9）可知，$p=p^n$。同理，对于厂商 1 而言，静态的最优反应也为 p^n。在随后的惩罚阶段，所有消费者期望两厂商设立的价格为 p^n，静态纳什均衡价格也为 p^n。这表明惩罚阶段为子博弈纳什均衡。

4. 对定理 4.1 的证明

证明：当厂商足够耐心时，合谋能维持时，将相关的利润函数代入式(4.1)，可得出 γ（ϕ_c）。

$$\delta \geqslant \gamma \equiv \frac{2\phi_c u - t\phi_c - 2t}{2\phi_c u - t\phi_c + 6t} = 1 - \frac{8t}{2\phi_c u - t\phi_c + 6t}$$

由此可明显地看出 γ（ϕ_c）在 ϕ_c 上连续且递增。

5. 对定理 4.2 的证明

证明：当垄断价格上的合谋不能维持时，最可能的均衡就满足合谋价格使非背叛限制满足：

$$\frac{1}{1-\delta}\pi(p) = \pi^d(p) + \frac{\delta}{1-\delta}\pi^n \qquad (A4.3)$$

得出两个解，$$p^n(\phi_c) = \frac{t}{\phi_c}, p(\delta, \phi_c) = \frac{1+3\delta}{(1-\delta)}\frac{t}{\phi_c} \qquad (A4.4)$$

很明显，p（δ，ϕ_c）是 ϕ_c 的减函数。

6. 对定理 4.3 的证明

我们注意到纳什均衡价格随着透明度的增加而下降，即使在同质产品市场上。更为一般地，厂商 1 的需求如式（4.2）所示，对其一阶条件式（4.7）求微分，可得到：

$$\frac{\mathrm{d}p_1}{\mathrm{d}\phi} = \frac{-p_1 \dfrac{\partial x(p_1, p_2)}{\partial p_1}}{\pi_{11}} < 0 \qquad (A4.5)$$

π_{11} 为利润函数的二阶导数，由二阶条件可得 π_{11} 为负数。这表明，当 ϕ 增加时，厂商 1 的反应函数向内移。由于厂商 2 的反应函数也向内移，因此，纳什均衡价格下降。由于纳什均衡价格低于垄断价格，这表明如果对称利润 $\pi(p, p)$ 函数是拟凹的，纳什均衡利润下降。

更为一般地，要同质品市场上，当需求由式（4.4）给出时，我们很容易发现：如果厂商在垄断利润上合作，背叛价格随着市场透明度的增加而增加。背叛利润为

$$\pi^d = \max_p p[\phi x(p, p^m) + (1-\phi)x(p^m, p^m)] \qquad (A4.6)$$

用包络定理，我们能得到

$$\frac{\mathrm{d}\pi^d}{\mathrm{d}\phi} = p[x(p, p^m) - x(p^m, p^m)] > 0 \qquad (A4.7)$$

因此，在同质品市场上，比较两种效应的大小，因此，对市场透明度对合谋稳定性的影响是不可知的。

附录5（第五章）：

1. 关于生产方缺乏市场透明度对反垄断的有利性说明

我们现在来演示对规范模型的小的变动，允许我们考察观察时滞和背叛行为被对手以一定的概率察觉。观察时滞和不确定的观赏可以被看作是对厂商间不完全信息流形式化。观察时滞意味着背叛者保持着背叛的秘密一段时间，而小的概率察觉意味着背叛者希望以较大的概率平安脱身。而且，不经常的相互作用与观察时滞起着同样的作用，因为它实际上是假设下一轮的博弈将不会马上发生，会在很久远的未来才发生。Tirole（1988，p. 248）作了如下总结：

“只有在削价之后相当迅速地给予惩罚，惩罚的威胁才起作用。惩罚可能由于两个相关的理由则拖延下为。第一，企业的削价可能只在一定的时滞后才为对手知道。这种情况可能在制造商与少数大买主（批发商或下游制造商）签订合同时发生。签约的秘密于是成为合谋的障碍。的确，如果削价永远不被观察到，合谋也就永远不能维持。第二，不经常的相互作用（比如，由于订货额的巨大），拖延了惩罚，并使现期削价更具吸引力。”

现在，考察一个有着观察时滞的规范的超级博弈。假设有一个 s 期的滞后，相当于假设对手在 s 期后才发觉从合谋中的背叛。即，如果厂商在 t 期背叛，对手在 $t+s$ 末才发觉，惩罚将在 $t+s+1$ 期发生。因此，有了符号上的规定，在没有观察时滞的基本模型中（$s=0$），背叛在 t 期末被发觉，惩罚在 $t+1$ 期开始。而且，为了接近于上面规定的符号，我们认为观察时滞与透明度指数相关，即 $s=s(\phi_f)$，$s(1)=0$（没有观察时滞）当 $\phi_f\to 0$，$s(\phi_f)\to\infty$（无穷时滞）。我们固定 ϕ_C 当讨论厂商间信息流时。

使有触发策略，厂商如果维持合谋，每个厂商将获得：

$$V^C=\frac{1}{1-\delta}\pi^C(\phi_C) \tag{A5.1}$$

如果背叛，背叛厂商将获得：

$$V^D=(1+\delta+\delta^2+\cdots+\delta^{s(\phi_f)})\pi^D(\phi_c)+\delta^{s(\phi_f)+1}(1+\delta+\delta^2+\cdots)\pi^N(\phi_c) \tag{A5.2}$$

即，通过背叛，厂商在 $s(\phi_f)+1$ 期获得背叛利润，在这之后各期厂商利润为纳什均衡利润。上式可写作：

$$V^D=\frac{1}{1-\delta}\pi^D(\phi_c)-\frac{\delta^{s(\phi_f)+1}}{1-\delta}(\pi^D(\phi_c)-\pi^N(\phi_c)) \tag{A5.3}$$

为了维持完全合谋，必须满足 $V^C \geqslant V^D$，因此可写作：

$$\delta \geqslant \delta(\phi_f, \phi_c) = \left(\frac{T(\phi_c)}{T(\phi_c) + D(\phi_c)}\right)^{s(\phi_f)+1} \quad (A5.4)$$

从上式可以看出，最小贴现值 δ（ϕ_f，ϕ_c）是观察滞后 s（ϕ_f）的增函数，即，在对手发觉背叛和开始反应前的时滞。于是，如果生产者方缺乏市场透明度，可解释成长期的观察滞后或不经常的接触，对反垄断来说是有利的，它使得合谋难以维持。

2. 对定理 5.1 的证明

根据（4.2），厂商能够在垄断价格 p^m 上合谋，如果贴现因子满足：

$$\delta \geqslant \gamma \equiv \frac{2\phi_c s - \phi_c t - 2t}{2\phi_c s - \phi_c t - 2t + 8t\phi_f} \quad (A5.5)$$

很容易看出，$\hat{\delta}$是 ϕ_f 的减函数。

3. 对定理 5.2 的证明

如果贴现因子低于 γ，我们发现通过厂商能够维持的最高价格是：

$$p = \frac{(1 - \delta + 4\delta\phi_f)}{(1 - \delta)} \frac{t}{\phi_c} \quad (A5.6)$$

很容易看出，p 是 ϕ_f 的增函数。

4. 对定理 5.3 的证明

根据（4.3）和（A5.1）可得：

$$\hat{\delta}\big|_{\phi_c = \phi_f = \phi} \equiv \gamma = \frac{2\phi s - \phi s - 2t}{2\phi s + 7\phi t - 2t} \quad (A5.7)$$

它是 ϕ 的增函数。

5. 对定理 5.4 的证明

根据（A5.2）可以得到：

$$p\big|_{\phi_c = \phi_f = \phi} = \frac{4t\delta}{1 - \delta} + \frac{t}{\phi} \quad (A5.8)$$

它是 ϕ 的减函数。

6. 对定理 5 的证明

将式（A5.1）与式（A5.3）比较，式（A5.2）与式（A5.4）比较，即可得证。